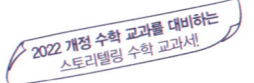

가우스, 동화 나라의 사라진 O을 찾아라

초등 3·4학년 수학동화 시리즈 ❶
가우스, 동화 나라의 사라진 0을 찾아라(개정판)

3판 2쇄 발행 2025년 1월 10일

글쓴이	김정
그린이	최정인

펴낸이	이경민
펴낸곳	㈜동아엠앤비
출판등록	2014년 3월 28일(제25100-2014-000025호)
주소	(03972) 서울특별시 마포구 월드컵북로 22길 21, 2층
홈페이지	www.moongchibooks.com
전화	(편집) 02-392-6901 (마케팅) 02-392-6900
팩스	02-392-6902
전자우편	damnb0401@naver.com
SNS	

ⓒ 김정, 최정인

ISBN 979-11-6363-757-8(74410)
    979-11-6363-750-9(세트)

※ 책 가격은 뒤표지에 있습니다.
※ 잘못된 책은 구입한 곳에서 바꿔 드립니다.

도서출판 뭉치는 ㈜동아엠앤비의 어린이 출판 브랜드로, 아이들의 지식을 단단하게 만들어 주고, 아이들의 창의력과 사고력을 키워 주어 우리 자녀들이 융합형 창의 사고 뭉치로 성장할 수 있도록 좋은 책을 만들겠습니다.

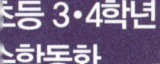

초등 3·4학년
수학동화

2022 개정 수학 교과를 대비하는
스토리텔링 수학 교과서!

✓ 나눗셈 하기
✓ 자연수 곱셈하기
✓ 다섯 자리 이상의 수 이해하기
✓ 시간과 길이

가우스, 동화 나라의 사라진 O을 찾아라

글 김정 • 그림 최정인 • 감수 계영희

뭉치
MoongChi Books

　우리 자녀가 수학도 잘하고, 언어도 잘하면 얼마나 좋을까요? 지름길이 있어요! 바로 수학을 동화 속에서 만나는 것이지요. 수리적인 우뇌와 언어영역인 좌뇌의 성장을 골고루 촉진하는 방법은 바로 스토리텔링으로 하는 수학, 수학동화니까요.

　이 책은 초등 3, 4학년 학생이 읽으면 5, 6학년 수학 내용을 쉽고도 재미있게 터득하도록 기획하였어요. 아이들이 그 동안 알고 있던 동화의 주인공들이 모두 등장하여 화려하고 역동적인 무대가 펼쳐진답니다. 별주부전의 용왕님과 자라, 코가 길어졌던 피노키오, 착한 콩쥐와 심술쟁이 팥쥐, 새엄마와 언니들한테 괄시받다 왕자님과 결혼한 신데렐라, 가난했지만 착했던 흥부, 빨간 구두의 소녀 카렌 등 많은 동화 속의 주인공들이 등장하여 이야기를 흥미진진하게 이끌어가지요. 어렸을 적에 동화 속에서 만났던 주인공들의 이야기는 학습이 이루어지는 시냅스의 연결망에 흔적을 남기고, 훗날 교과서에서 수학을 배울 때 시냅스의 연결망이 자연스레 작동을 하게 되는 거죠.

　책 사이사이에 있는 Tips은 부모님들에게도 교양서의 역할을 톡톡히 할 것입니다. 아이돌 가수의 수는 왜 홀수일까? 옛날 이집트인의 계산법, 공평하게 케이크를 나누는 방법 등을 배울 수 있어요.

　한편 2022년 개정 수학교과 과정에서는 수와 연산, 변화와 관계, 도형과 측

정, 자료와 가능성 등 4개 영역으로 통합하였습니다. 이는 초등과 중등의 연계성 강화입니다. 〈초등 3·4학년 수학동화〉 시리즈는 교과 과정 변화에도 공통적으로 성취해야 할 수학 학습 내용이 모두 들어 있습니다. 부모님이 읽은 후 인지하여 서서히 생활 속에서 아이들과 대화를 이끌어나가면 중학수학, 고등수학에서도 유능하고 현명하게 소통하는 부모의 역할을 충분히 잘할 수 있답니다.

현재 세계 수학 교육의 방향을 선도하며 영향력을 미치는 기구로 1920년에 수학 교육 전문가들로 구성된 미국수학교사협의회(NCTM, The National Council of Teachers of Mathematics)가 있습니다. 21세기 인재 양성을 위해 NCTM에서 제시하는 수학 교육의 목표는, 수학적 문제를 해결하는 사람, 수학적으로 의사소통하는 사람, 수학적으로 추론하는 사람입니다. 부디 자녀와 학부모에게 수학적으로 소통할 수 있는 가교의 역할을 하길 기대하면서 이 책을 추천합니다.

계영희

고신대학교 유아교육과 명예교수, 전 한국수학사학회 부회장

작가의 말

위기에 빠진 동화 나라를 구해 주세요!

 토끼와 거북, 눈의 여왕, 스크루지 영감, 잠자는 숲속의 미녀, 인어공주……. 여러분은 만나고 싶은 동화 주인공이 있나요? 여기, 어느 날 뜻하지 않게 별주부로부터 초대를 받고 동화 나라에 가게 된 한 소년이 있습니다. 바로 인간 세상에 사는 평범한 소년 가우스예요. 가우스는 평소 좋아하던 동화책의 주인공들을 모두 만나게 돼 무척 기뻤지요. 기쁨도 잠시, 가우스는 최근 평화롭던 동화 나라에서 벌어지고 있는 이상한 일들을 해결해 달라는 용왕님의 부탁을 받게 돼요. 대체 무슨 이상한 일이냐고요?

 '토끼와 거북'은 좀처럼 달리기 시합을 시작하지 못하고, '눈의 여왕'은 더 이상 눈과 얼음을 만들지 못해 당황하고 있대요. 또, '스크루지 영감'은 돈을 세지 못해 화를 내고, '신데렐라'는 새어머니가 시킨 일을 하지 못해 왕자님의 무도회에 참석하지 못하게 돼 울상이고요. 이게 어떻게 된 일들일까요?

 동화 나라가 엉망이 된 건 바로 동화 나라의 수와 사칙연산 체계가 무너져 내리고 있기 때문이에요. 무슨 말이냐고요? 누군가의 음모로 인해 숫자 0이 없어지면서 기준점과 시작점이 없어지고, 사칙연산 체계가 무너져 계산을 할 수 없게 되었거든요. 그래서 동화 주인공들이 제 역할을 할 수 없게 된 거지요. 이제 동화 나라가 엉망이 되는 건 시간문제라고요.

 이런 심각한 문제를 바로잡기 위해 용왕님이 인간 세상

의 소년 가우스를 불러 들여 동화 나라의 수학 대신 매씨와 함께 해결해 줄 것을 부탁한 거예요. 이제 매씨와 가우스는 동화 나라의 수와 사칙연산 체계를 바로잡고 음모를 꾸민 범인을 찾아내기 위한 모험을 떠날 거예요.

이 모험은 결코 쉽지 않을 거예요. 무너진 수와 사칙연산 체계를 바로잡으려면 동화 속 어디에 수학이 숨어 있는지 많은 관심을 가져야 하거든요. 게다가 가우스는 수학에 특별한 재능이 있는 소년도 아니랍니다. 여러분과 같은 그저 평범한 소년이지요. 그래서 반드시 여러분의 도움이 필요하답니다.

매씨와 가우스를 돕는 한 가지 비결을 알려드릴게요. 바로 동화 속 주인공들의 이야기에 귀 기울이는 거예요. 여러 동화 주인공들의 사연을 듣고 어떻게 하면 문제를 해결할 수 있을지 곰곰이 생각해 보세요. 그리고 매씨와 가우스가 정답을 말하기 전에 여러분이 생각한 답을 먼저 말해 보세요. 그렇게 여러 동화 주인공들의 문제를 해결하다 보면 분명 주인공들이 여러분에게 고마워할 거예요. 그럼 또 누가 알아요? 이 책의 주인공 가우스처럼 여러분도 동화 나라로 초대를 받을지 말이에요.

매씨와 가우스는 위기에 빠진 동화 나라를 구하는 데 성공할 수 있을까요? 동화 나라를 위기에 빠뜨리기 위해 음모를 꾸민 범인은 누구일까요? 지금부터 매씨, 가우스와 함께 모험을 시작해 보아요.

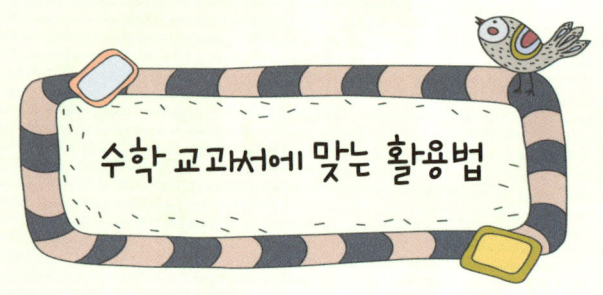

수학 교과서에 맞는 활용법

 2012년 1월 교육과학기술부는 사고력과 창의력을 키우고, 수학에 대한 흥미와 긍정적 인식을 높이기 위한 〈수학교육 선진화 방안〉을 발표하였습니다. 이 수학교육 선진화 방안의 일환으로 '스토리텔링 수학'이 도입되었습니다. 개정된 수학 교과서는 형식은 스토리텔링 수학을, 내용에서는 실생활 연계 통합교과형(STEAM) 수학을 보여주었습니다.

 스토리텔링 수학의 핵심은 수학을 단순히 연산능력이나 공식 암기로 생각하지 않도록 이야기를 활용해 쉽고 재미있게 배운다는 것입니다. 학생들에게 실생활이나 동화의 익숙한 상황을 제시해 수학에 대해 호기심과 흥미를 유발할 뿐 아니라, 더 나아가 수학에 대한 인식을 개선하고 스스로 학습하는 동기를 부여합니다. 예를 들어 수학을 실생활에서 이야기나 과학, 음악, 미술 등의 연계 과목과 함께 접목해 설명하면서 개념을 보다 쉽게 이해하게 하는 학습법입니다.

 이후 2022 개정 수학 교과 과정에서는 수학 교과서가 검정으로 바뀐 뒤 학교마다 다른 교과서를 사용하지만 기본적으로 꼭 알아야 할 성취 기준은 공통입니다. 또한 초중등 수학의 목표는 '초등과 중등의 연계성 강화'입니다. 이를 위해 교과 영역을 통합하고 과정을 간소화합니다. 즉 크게 수와 연산, 변화와 관계, 도형과 측정, 자료와 가능성 등 4개 영역으로 통합하였습니다. 하지만 여전히 단원

시작은 스토리텔링을 통해 학생들의 호기심과 흥미를 유발합니다.

그럼 스토리텔링 수학은 어떻게 준비해야 할까요? 전문가들은 일상에서 수학적 요소를 파악하는 것에 재미를 느낄 수 있도록 체험 활동과 독서 활동을 추천합니다.

「초등 3·4학년 수학동화」 시리즈는 이러한 수학교육의 변화에 맞춘 학습 동화입니다. 아이들에게 익숙한 명작동화나 전래동화의 주인공들과 저명한 수학자의 이름을 가진 주인공들이 동화나라를 구하기 위해 여러 가지 모험을 펼치는 이야기로 주인공들을 따라가다 보면 자연스럽게 학습 내용을 익히도록 구성되었습니다. 또한 한 장이 끝날 때마다 앞에서 배운 내용들을 정리하고, 책 속 부록인 '역사에서 수학 읽기', '생활 속에서 수학 읽기', '체육에서 수학 읽기' 등은 생활 연계 통합교과형 수학에 부합하도록 구성되어 있습니다.

「초등 3·4학년 수학동화」 시리즈는 수학을 좀 더 재미있고 쉽게 배울 수 있는 최적의 수학 동화 시리즈입니다. 동화 속 주인공들과 함께 신나는 모험을 떠나 보세요. 그러면 자신도 모르는 사이에 수학 개념과 문제 해결 방법을 깨닫고 수학에 흥미를 가지게 될 것입니다.

편집부

친구들을 소개할게요.

가우스
위대한 수학자와 이름이 같다는 이유로 수학 시간마다 선생님께서 문제를 풀어보라고 시키기 때문에 오히려 수학을 싫어하는 아이예요. 하지만 동화책을 무척 사랑하여 동화 나라의 위기를 그냥 지나칠 수 없었어요.

매씨
동화 나라의 수학 대신으로, 가우스와 함께 동화 나라에 일어난 이상한 일들을 해결하기 위해 모험을 떠나요.

신데렐라
굳세어라 마을의 주민. 새엄마가 시킨 많은 일들을 해놔야 하는데 곱셈을 잊어버려 일을 할 수 없어요.

용왕
동화 나라를 다스리는 왕이에요. 동화 나라의 수 체계가 무너지면서 병이 났어요. 이 병은 가우스만이 고칠 수 있답니다.

별주부
인간 세상에서 가우스를 찾아 동화 나라로 데려오는 임무를 맡았어요.

스크루지
한푼이아까워 마을의 주민. 수를 세는 능력을 잃어 돈도 세지 못하고 통장의 잔고도 확인할 수 없어요.

X
동화 나라 주인공들에게서 계산 능력을 뺏어가는 악당. 나누기왕 선발대회에 참가해 가우스와 대결을 펼쳐요.

차례

추천의 글 • 4
작가의 말 • 6
수학 교과서에 맞는 활용법 • 8
친구들을 소개할게요 • 10

이야기 하나
동화 나라를 구할 영웅을 찾아라 • 14
📖 시간과 길이

이야기 둘
용왕님의 특명을 받은 가우스 • 34
📖 큰 수

이야기 셋

스크루지 할아버지가
큰 수를 못 센대 · 5 2

📖 덧셈과 뺄셈
　　큰 수

이야기 넷

신데렐라는 곱셈을 잊어버렸어 · 7 2

📖 곱셈

이야기 다섯

나누기왕 선발 대회에서
마법 주판을 지켜라 · 9 4

📖 곱셈과 나눗셈

동화 나라를 구할 영웅을 찾아라

이야기 하나

📖 시간과 길이

"아이고! 나 죽네!!"

조용하던 바닷속 용궁에 한바탕 소동이 벌어졌어요. 동화 나라를 다스리는 용왕님이 큰 소리로 비명을 지르며 드러누워 버렸기 때문이지요. 크게 당황한 신하들이 약이란 약은 다 써보고 동화 나라의 용하다는 의원은 다 불러 모아 용왕님을 치료하게 했지만 아무 소용이 없었어요. 그러던 어느 날 흰 수염을 길게 늘어뜨린 도포 차림의 신선이 구름을 타고 나타났어요.

"용왕의 병은 평범한 병이 아니네. 동화 나라에서 일어나고 있는 문제가 용왕을 병들게 하고 있으니, 그 문제를 해결하면 용왕의 병도 나을 걸세."

신선의 말에 동화 나라 신하들의 얼굴이 어두워졌어요. 최근 동화 나라에 흉흉한 소문이 돌아 많은 동화 주인공들이 불안에 떨고 있었거든요. 신하들은 대책을 마련하기 위해 머리를 맞댔어요. 가장 먼저 입을 연 건 근심이 많은 아기 돼지 삼형제였어요.

"대신들, 요즘 동화 나라에 돌고 있는 소문들 들어 보셨소? 동화 주인공들이 사라지고 있다는 소문부터 0이 사라졌다는 소문까지……. 정말 오싹하지 않소? 꿀꿀."

그때 게으르기로 소문난 베짱이가 볼멘소리로 말했어요.

"한 나라의 대신이 확인되지도 않은 소문들 때문에 불안에 떨면 어쩌잔 말이오? 게다가 그까짓 0이 좀 사라졌다고 무슨 큰 문제라도 된단 말이오?"

베짱이의 말에 신하들이 술렁이기 시작했어요. 그리고 베짱이와 사이가 좋지 않은 부지런한 개미가 베짱이의 말을 반박했지요.

"베짱이 대신, 그 무식한 소리 좀 하지 마시오. 0이 없다면 123과 1230과 1023과 1203을 어떻게 구별한단 말이오?"

개미의 핀잔에 베짱이가 무안한 얼굴로 맞받아쳤어요.

"0이란 숫자가 발견되기 전에는 0의 자리에 점을 찍거나 그림 문자를 썼다고 하오. 또 0의 자리를 비워 두고 쓰기도 했다고 하지. 우리도 그리하면 되지 않겠소?"

이 말에 개미가 코웃음을 치며 말했지요.

"허, 그거 참! 그럼 1023을 1 23로, 1203을 12 3으로 쓰잔 말이오? 그럼 숫자를 잘못 읽을 가능성이 크지 않겠소? 게다가 0만 있으면 1 뒤에 0을 붙여서 얼마든지 큰 수를 편리하게 쓸 수 있는데, 어찌 0을 그리 쉽게 포기할 수 있단 말이오?"

베짱이는 개미의 말에 얼굴이 붉으락푸르락하면서도 더 이상 할 말을 찾지 못했어요. 두 대신의 대화를 듣던 피리 부는 사나이가 점잖게 끼어들었지요.

"개미 대신의 말처럼 0은 매우 중요한 수입니다. 그런데 0이 사라진 것도 문제지만 동화 나라의 주인공들이 사라지고 있다면, 이거야 말로 동화 나라의 운명이 달린 큰 문제 아니겠소? 이 문제들을 해결하면 용왕님의 병도 낫는다니 어서 문제를 해결할 적임자를 찾아야 할 것 같소. 다들 추천할 사람이 있소?"

피리 부는 사나이의 질문에 신하들은 모두 꿀 먹은 벙어리가 됐

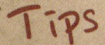

십진법

0부터 9까지 10개의 숫자를 써서 수를 나타내는 방법을 십진법이라고 해요. 십진법은 우리 손가락 수에서 유래된 방법이에요. 0부터 9까지의 10개의 숫자를 쓰면 어떤 큰 숫자도 간단하고 쉽게 만들 수 있어요. 예를 들어 1023은 천의 자리에 1, 십의 자리에 2, 일의 자리에 3을 쓰고, 백의 자리에는 빈자리를 나타내는 0을 써요.

십진법에서 0은 매우 중요해요. 십진법으로 수를 나타내기 위해서는 0과 같이 반드시 자릿값이 비어 있음을 나타내는 숫자가 필요하기 때문이죠. 만일 0이 없다면 1 23이라고 적힌 수가 1023인지 123인지 구별할 수 없어요. 수를 구별할 수 없다면 체계적인 계산도 할 수 없어 수학이 발전하기 어렵죠. 즉, 0은 수학의 발전에 굉장히 중요한 발견이에요.

어요. 과연 누가 용궁 밖을 떠나 동화 나라 이곳저곳을 떠돌아다니며 문제를 해결할 수 있을지 도통 떠오르지가 않았어요. 신하들의 문제를 해결한 건 신선이었어요.

"동화 나라의 문제를 해결하기 위해 인간 세상에 사는 가우스란 소년을 찾아라."

신선이 해결책을 주었음에도 불구하고 신하들은 마음이 무거웠어요. 평생 동화 나라에서 살아온 신하들이 어떻게 인간 세상에 나가 얼굴도 모르는 가우스란 소년을 찾을 수 있을까요? 누구하나 선뜻 인간 세상으로 가우스를 찾으러 가겠다고 나서는 신하가 없었어요. 이때 한 구석에서 우렁찬 소리가 들렸어요.

"제가 가겠습니다. 가우스의 얼굴만 알려 주면 제가 그를 동화 나라로 데리고 오겠습니다."

그는 별주부전의 자라, 별주부였어요. 별주부는 신선이 알려준 가우스의 생김새를 그린 그림을 꼭 쥐고 동화 나라 신하들의 배웅을 받으며 인간 세상으로 떠났어요. 그런데 별주부가 찾는 가우스는 어떤 소년일까요?

"가우스, 나와서 3번 문제 좀 풀어 봐라!"
"오, 위대한 수학자 가우스 님! 오늘도 문제 풀이야? 히힛."
수학 선생님의 호명에 반 친구들은 낄낄 거리며 가우스를 놀려댔어요. 이름이 수학자 가우스와 같아 수학 시간마다 호명을 당하고, 친구들이 놀리는 상황에 익숙했지만 아무리 당해도 기분이 썩 좋지는 않았어요. 가우스는 한숨을 푹 쉬며 앞으로 나가 문제를 풀었어요. 어제 미리 예습한 부분이라 어려울 건 없었어요. 불행 중 다행인지 수학 시간에 호명을 자주 당해 예습을 꼬박꼬박 한 덕분에 수학 성적은 좋은 편이었지요. 그래도 수학 시간이 좋아지진 않았어요. 수학 시간이 끝나면 가우스의 기분은 늘 좋지 않았어요.

"이럴 땐 역시 도서관이지."

가우스는 교실을 빠져 나와 도서관으로 향했어요. 가우스가 좋아하는 건 책 읽기였어요. 기분이 안 좋을 때면 학교 도서관에 틀어박혀 시간을 보냈지요. 동화 작가인 아빠 덕에 어렸을 때부터 수많은 동화를 읽었지만, 아무리 읽어도 동화는 질리는 법이 없었어요. 그래서 아빠가 동화 작가인 게 참 자랑스러웠지요.

"하지만 내 이름만큼은 정말 마음에 안 들어! 이름이 가우스가 뭐야? 가우스가! 아빠는 왜 이런 이름을 지어가지고······."

가우스는 투덜거리면서 평소처럼 책을 골랐어요.

"오늘따라 이상하게 도서관에 사람도 없네? 사서 선생님은 어디 가셨지? 뭐. 상관없지. 오늘은 그림 동화를 볼까? 어디 보자. 응? 뭐지?"

그 그림 동화책은 가우스가 수없이 본 동화책이었는데 오늘은 책이 좀 이상했어요.

"책이 찢어졌나? 이야기가 왜 중간에 끊겼지? 그림도 없네?"

가우스가 책장을 넘겨봤지만, 책은 찢어진 데 없이 멀쩡했어요. 그저 하얗게 빈 페이지로 변해 있었지요.

"이상하다. 저번에 볼 땐 멀쩡했는데?"

가우스는 고개를 갸우뚱 거리며 다른 동화책을 펼쳐봤어요.

"그럼 『토끼와 거북』을 볼까? 엇? 뭐야? 토끼와 거북이 달리기 시합을 하는 부분에서 이야기가 끊겨 있네? 그럼 『눈의 여왕』은……. 엥? 눈의 여왕이 눈을 뿌리지 못하잖아? 동화책들이 다 왜 이

렇지?"

그런데, 책장에 웬 돌덩어리가 놓여 있었어요.

"저건 또 뭐야?"

가까이 다가가 보자 돌이 아니라 놀랍게도 큰 거북 아니겠어요?

"엥? 도서관에 웬 거북이야? 누가 놓고 갔나?"

가우스는 신기해하며 주변을 둘러 봤어요. 도서관에 거북을 그냥 두고 가면 죽을 것 같아 걱정이 됐지요. 가우스가 어떻게 해야 할까 고민을 하던 그때였어요.

"가우스 님이죠?"

가우스는 주변을 둘러 봤어요. 웬 목소리가 자신을 불렀기 때문이에요. 하지만 주변에는 아무도 없었어요.

"저예요. 제가 가우스 님을 불렀어요."

가우스는 자신의 귀를 의심했어요. 거북이 자신에게 말을 걸고 있었기 때문이지요.

"하하, 거짓말이겠지. 내가 몸이 허해졌나?"

으스스한 기분이 들어 황급히 돌아서서 도서관을 나가려던 찰나, 또다시 같은 목소리가 가우스를 불러 세웠어요.

"잠깐, 가우스 님! 동화 나라에서 가우스 님을 찾아 여기까지 온 거예요. 제발 제 말 좀 들어 주세요!"
 가우스는 놀란 마음을 진정시키고 거북을 돌아봤어요. 그러자 영리하게 생긴 거북이 가우스에게 다시 말했어요.
 "전 거북이 아니라 자라랍니다. 일단 제 소개를 하지요. 전 별주

부라고 합니다."

"뭐? 혹시 별주부전의 그 별주부? 네가 동화 속 주인공 별주부란 말이야? 말도 안 돼! 게다가 내 이름은 어떻게 안 거야?"

별주부는 자신이 동화 나라의 대신이며, 동화 나라의 용왕님이 아프신데 이 문제를 해결할 이로 가우스가 지목돼 모시러 왔다는 이야기를 했어요.

"아까 동화책들이 이상해진 걸 보셨죠? 그게 다 동화 나라가 이상해져서 그런 거예요. 최근 동화 나라에 숫자 0과 동화 주인공들이 사라지는 일이 벌어지고 있거든요. 신선님께서는 이 문제를 가우스 님이 해결할 수 있다고 했어요."

가우스는 별주부의 이야기를 듣고 기가 막혔어요.

"말도 안 돼! 내가 무슨 수로! 난 그런 대단한 사람이 아니야. 난 못해!"

가우스는 별주부의 말에 펄쩍 뛰며 손사래를 쳤어요. 자신이 용왕님의 병을 낫게 하고 동화 나라의 문제를 해결할 사람으로 지목되다니 부담이 너무 컸지요. 가우스는 무슨 핑계를 대서라도 가지 말아야겠다고 생각했어요. 그런데 문득 궁금증이 떠올랐어요.

"그런데 0이 사라지고 동화 주인공들이 사라지는 게 아까 본 동화책들과 무슨 상관이 있지? 흠, 일단 0은 시작점이 되는 수야. 그래! 0이 사라졌으니 시작점이 사라진 토끼와 거북이 달리기 시합을 할 수가 없었던 거야. 그럼 눈의 여왕은 왜? 아! 0은 기준점이 되는 수이기도 하지. 그런 0이 사라졌으니 영하를 나타낼 수가 없게 된 거야. 기온이 영하로 떨어지지 않으니 눈도 내릴 수 없는 거

정수

양의 정수(양수)와 0, 음의 정수(음수)를 통틀어 정수라고 해요.
양의 정수는 0보다 큰 수로 자연수에 양의 부호(+)를 붙여 나타내요. 양의 정수는 + 부호를 생략해 나타낼 수 있으므로 자연수와 같아요.

예 +1, +2, +3, …

음의 정수는 0보다 작은 수로 자연수에 음의 부호(−)를 붙여 나타내요.

예 −1, −2, −3, …

0은 양수도 음수도 아니에요.

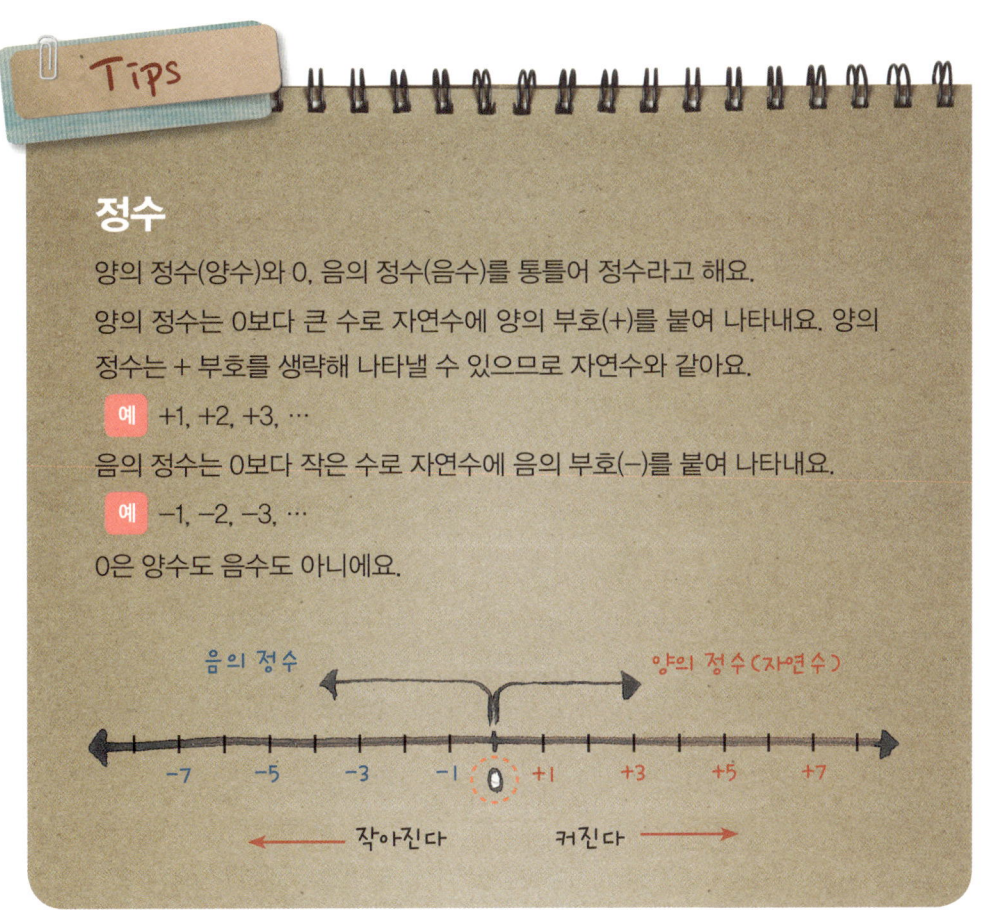

지."

가우스의 혼잣말을 듣던 별주부는 경이에 찬 눈으로 가우스를 쳐다봤어요.

"역시! 가우스 님은 동화 나라를 구할 영웅이 틀림없어요! 가우스 님, 제발 동화 나라를 구해 주세요! 동화 나라로 함께 가 주시기만 한다면 가우스 님이

원하는 소원은 무엇이든지 들어 드릴게요. 이건 제가 아니라 용왕님께서 하시는 약속입니다. 부귀영화를 원하신다면 부귀영화를, 높은 권세를 원하신다면 높은 권세를 드리지요. 동화 나라를 구할 수 있다는데 아무렴 그 정도도 못 해드리겠습니까?"

가우스는 별주부의 약속에 눈이 번쩍 뜨였어요. 욕심이 나지 않는다면 거짓말이겠지요. 부담스럽지만 함께 가기만 해도 원하는 소원을 무엇이든지 들어준다는데 못 갈 건 또 뭐가 있겠어요?

"가기만 해도 소원을 뭐든지? 내가 가서 해결하지 못해도 내 탓을 하지 않는 거지?"

"물론이죠."

가우스는 별주부의 약속을 믿고 동화 나라에 가겠다고 결심했어요. 그러자 별주부는 『별주부전』 책을 꺼내 책장을 펼치더니 큰 소리로 외쳤어요.

"다시 동화 나라로!"

별주부의 외침과 함께 책장에서 큰 바람이 휘몰아치더니 가우스와 별주부는 그대로 책 속으로 빨려 들어갔어요.

내용정리

빈자리를 나타내는 수, 0

'0'이라는 숫자가 생기기 전에는 비어 있는 자릿수를 띄어쓰기로 표현했어요. 가령 102나 1002를 '1 2', '1   2'와 같이 표기하는 거예요. 하지만 숫자와 숫자 사이의 간격이 애매해서 어떤 숫자를 표현하는지 정확하게 구별하기 어려웠고 빈자리를 표시하기 위한 기호가 필요하게 되었어요. 처음에는 동그라미(● 이나 ○)를 사용하였고 현재와 같은 모양의 '0'으로 개량되었답니다.

0의 발견으로 숫자를 구분하기도 쉬워졌고 읽기도 편해졌어요.

은행에 가면 '005번', '071'번 등으로 표기된 대기표를 뽑아 순서를 기다리게 되죠. 이렇듯 '0'은 빈자리를 나타내는 수로 쓰여요.

시작점이 되는 수, 0

달리기를 할 때, 시작되는 지점을 '0m'라 하고, 거기서부터 얼마나 뛰었는지 측정하게 되는데, 이처럼 0은 시작점을 나타내는 수예요.

기준점이 되는 수, 0

온도를 나타낼 때 0을 기준으로 위의 숫자에는 영상, 아래의 숫자에는 영하라는 말을 붙여요. 그리고 지면(0)을 기준으로 위층에는 지상 1층, 2층, …이라 하고, 아래층에는 지하 1층, 지하 2층, …이라 부른답니다.

수학에서 0은 양수와 음수를 가르는 기준점이 돼요. 0보다 큰 수를 양수, 작은 수를 음수라 해요.

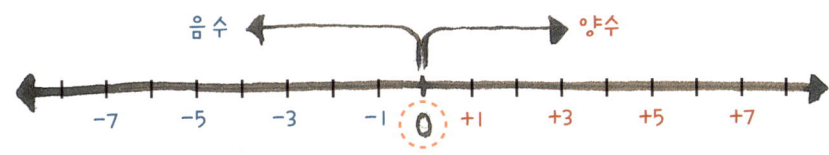

역사에서 수학 읽기

0의 발견과 전파

0을 가장 먼저 발견한 건, 기원전 3세기경 마야 문명이에요. 마야인들은 비어 있음을 뜻하는 표시로 조개껍데기를 사용했어요. 또, 기원전 2세기경 바빌로니아인들은 빈자리를 표시하기 위해 비스듬한 모양의 쐐기문자를 사용했지요. 하지만 이 두 곳에서 발견된 0은 단순히 빈자리를 나타내는 기호로 쓰였을 뿐, 계산에 사용되지 못했어요.

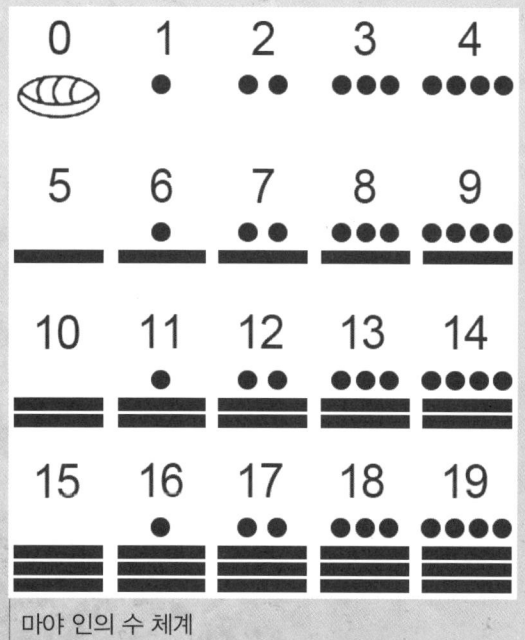

마야 인의 수 체계

마야의 상형문자가 새겨진 작은 조각으로 왼쪽 위에서부터 8, 5, 16, 9, 7이라는 숫자가 새겨져 있다.

0을 하나의 수로서 인식하고 계산에 사용하기 시작한 건 5~6세기경 인도에서였어요. 누가, 언제, 어디서 0을 발견했는지는 정확하게 밝혀지지 않았지만, 학자들은 인도의 한 서기가 처음으로 비어 있는 자릿수를 표시하기 위해 점을 사용했으며, 이러한 점 표시가 점차 숫자 0으로 발전한 것으로 추측하고 있어요. 0을 사용한 가장 오래된 기록은 628년

인도의 수학자이자 천문학자인 브라마굽타가 쓴 천문학 책 『브라마스투파시단타』에 남아 있어요.

기원전 2세기부터 기원후 2세기까지 사용된 숫자

인도에서 사용되기 시작한 0은 이슬람을 거쳐 상인들에 의해 13세기경 유럽에 전파돼요. 8세기경 이슬람 왕조는 영토를 확장하며 인도를 비롯한 다른 문명의 많은 책들을 아랍어로 번역했어요. 이때 브라마굽타의 천문학 책이 번역돼 이슬람인들이 숫자와 0을 빠르게 받아들이고 더욱 쓰기 편리하도록 변형시켰어요. 이것이 현재 우리가 쓰고 있는 인도-아라비아 숫자예요.

이후 13세기 무렵, 여러 유럽 국가들이 이슬람과 교역을 하며 0을 포함한 인도-아라비아 숫자를 받아들였어요. 유럽인들은 1부터 9까지 숫자와 0으로 이루어진 수 체계가 매우 획기적이었기 때문에 처음에는 반발이 심했어요. 하지만 인도-아라비아 숫자로 수를 쓰면 계산하기 쉽다는 장점이 널리 알려지며 이내 유럽의 상인들을 중심으로 먼저 사용되기 시작해, 유럽 전역으로 퍼졌답니다.

인류의 위대한 발명품, 0

인도-아라비아 숫자의 십진법을 기본으로 한 자릿수 체계 덕분에 우리는 아무리 큰 수라도 간편하게 표기할 수 있어요. 예를 들어 로마식 표기법으로 천구백팔십사는 MCMLXXXIV지만, 인도-아라비아 숫자로 쓰면 1984로 간편하게 쓸 수 있지요. 이런 편리함은 숫자가 커질수록 더욱 분명해져요. 0이 발견되지 않았다면 편리한 자릿수 체계는 만들어질 수 없었을 거예요.

숫자 0이 빈자리를 채워 수를 간편하게 나타내 주고 계산을 손쉽게 해 준 덕분에 사람들은 큰 수를 다루며 과학문명을 만들어낼 수 있었어요. 0은 인류의 위대한 발명품으로 손꼽힌답니다.

"가우스 님, 눈을 떠 보세요. 용궁에 오신 걸 환영합니다."

가우스가 눈을 뜨자 자신을 바라보는 별주부가 보였어요. 그러고는 곧 자신이 물속에 있다는 사실을 알아차리고 당황해서 팔을 허우적거렸지요.

"괜찮아요. 가우스 님, 당황하지 말고 숨을 편안히 쉬어 보세요."

별주부의 말에 가우스는 침착하게 숨을 고르며 주변을 둘러봤어요. 그의 눈앞에는 금은보화로 화려하게 장식된 거대한 궁궐이 보였어요. 그 아름다움과 거대함에 압도된 가우스가 눈을 휘둥그레 뜨고 별주부에게 물었어요.

"그럼, 이게 용궁?"

별주부는 자랑스러운 얼굴로 고개를 끄덕이며 큰 소리로 용궁을 지키는 문지기를 불렀어요.

"이보게. 인간 세상에서 별주부가 돌아왔다네. 문을 열게나."

별주부의 외침에 문지기가 헐레벌떡 달려 나오며 가우스와 별주부를 맞이했어요.

"들어오시죠. 용왕님과 대신들이 벌써부터 기다리고 계십니다."

가우스는 모두 자신을 기다린다는 말에 어쩐지 긴장이 됐어요.

소원을 들어준다는 말에 덜컥 따라오긴 했는데, 이제와 생각해 보니 좀 섣부른 결정은 아니었나 슬슬 걱정이 됐지요.

 '내가 미쳤지! 여기까지 따라오다니……. 내가 무슨 동화 나라를 구할 영웅이라고! 안되겠다! 적당한 핑계를 대고 도망쳐야지!'

 별주부는 가우스의 속도 모르고 해맑게 웃으며 가우스를 용왕님과 대신들이 모여 있는 방으로 안내했어요.

 "가우스 님, 다 왔습니다."

문이 열리며 가우스의 입이 떡 벌어졌어요. 온갖 산해진미가 가득 차려진 상이 끝이 보이지 않을 정도로 길게 늘어서 있었고, 상에 앉아 있는 여러 대신들과 시중을 드는 용궁의 물고기들이 호기심에 가득 찬 눈으로 가우스를 바라보고 있었지요. 그리고 상의 가장 앞쪽에는 한눈에 보아도 병든 기색이 역력한 용왕님이 애써 앉아 있는 모습이 보였어요.

"어서 오게나. 자네가 바로 가우스 군이로군. 이렇게 와 줘서 고맙네."

가우스는 수척한 용왕의 모습에 마음이 약해져 도망가려고 마음먹었던 생각과 달리 도와준다는 말이 불쑥 튀어나오고 말았어요.

"용왕님, 제가 뭘 도와드리면 될까요?"

가우스의 질문에 용왕은 자애로운 얼굴로 말했어요.

"일단 천천히 음식을 들며 내 얘기를 들어 주게. 별주부에게 들어 상황은 잘 알겠지. 요즘 동화 나라에서 0이 사라지고 동화 주인공들이 고유의 능력을 잃고 사라지고 있다네. 이런 문제들이 반복되며 동화 나라의 왕인 내 몸도 시름시름 앓게 됐지. 정확한 원인이 밝혀지진 않았지만 우리 수학 대신의 말에 따르면 수학이 문제라고 하는군. 자네가 동화 나라에서 벌어지고 있는 문제들을 해결해 줄 수 있겠나?"

용왕의 이야기를 듣던 가우스는 눈앞이 캄캄했어요. 아무 능력도 없는 자신을 마치 동화 나라를 구할 영웅으로 취급하는 게 부담스러웠어요. 하지만 용왕의 진심어린 부탁에 가우스는 도망치려고 거짓말을 하기 보다는 솔직하게 말하기로 했어요.

"용왕님, 제가 이곳까지 별주부를 따라 오긴 했지만 사실 제가 잘 해낼 수 있을지 모르겠어요. 제가 도움이 되었으면 좋겠지만 자신이 없어요. 죄송해요."

가우스의 말에 대신들 모두 실망스러운 표정을 지었어요. 하지만 용왕은 가우스에게 용기를 불어 넣어 주었어요.

"자신을 믿게. 신선이 자네를 지목한 이유가 필히 있을 걸세. 자네는 동화 나라를 지키고 싶지 않은가? 자네처럼 동화를 사랑하는 어린이가 또 어디 있겠나? 게다가 자네를 혼자 보내지 않을 걸세. 아까 말한 수학 대신, 매씨를 자네와 함께 보내도록 하지. 그는 자네에게 큰 힘이 될 걸세. 매씨, 앞으로 나오게."

용왕의 부름에 수학 대신 매씨가 걸어 나오더니 가우스를 향해 고개를 꾸벅였어요. 매씨는 또랑또랑한 큰 눈에 커다란 뼈를 허리에 차고 있는 개였지요. 그때 용왕이 다시 말했어요.

"가우스 군, 자네에게 동화 나라의 보물 중 하나인 '어디로든동화책'을 주겠네. 그 책만 있으면 동화 마을들을 이동하는 데 큰 불편함은 없을 걸세."

용왕이 말을 마치자 별주부가 어디로든동화책을 가우스에게 건네며 사용법을 설명했어요.

"가우스 님, 이 책에는 동화 나라의 지도가 그려져 있습니다. 지도는 총 5장이며 한번 쓸 때마다 지도는 사라진답니다. 그러니 꼭 필요한 순간에만 쓰도록 하세요. 사용법은 간단해요. 책을 펼치고 지도를 보며 가고자 하는 동화 마을의 이름을 외치면 돼요. 이때 지도에 인증키를 적어 넣어야 하는데 인증키는 지도마다 달라요. 이동할 때마다 지도가 시키는 대로 인증키를 적어 넣으면 됩니다."

용왕은 자리에서 일어나 가우스의 손을 꼭 잡으며 인사했어요.

"그럼 매씨와 함께 동화 나라의 여러 마을을 순방하며 어떤 문제가 벌어지고 있는지 확인하고 문제를 해결해 주게. 부탁하네."

가우스는 더 이상 용왕의 청을 거절하지 못하고 동화 나라의 보물인 '어디로든동화책'을 손에 꼭 쥐었어요. 이제 가우스를 환영하는 잔치가 본격적으로 시작됐어요. 가우스는 사방에서 권하는 음식을 먹으면서도 이제 곧 떠나야 한다는 걱정스러운 마음에 음식이 입으로 들어가는지 코로 들어가는지 모를 지경이었어요. 그때 낯선 목소리가 들려 왔어요.

"가우스 님, 이쪽으로."

목소리의 주인공은 가우스와 함께 여정을 떠날 수학 대신 매씨였어요. 둘은 잔치가 열리고 있는 궁전을 빠져나와 조용한 방에서 인사를 나누고 동화 나라에서 일어나고 있는 문제를 해결하기 위해 어떻게 해야 할지 의논했어요.

"매씨, 동화 나라에서 일어나고 있는 문제가 수학에서 비롯됐다는 게 정말이야? 왜 그렇게 생각한 거야?"

"정확한 이유는 말씀드리기 힘듭니다. 다만 0이 사라지면 큰 수도 쓸 수 없고 체계적인 계산도 할 수 없지요. 실제로 여러 동화 마을에서 이와 관련된 불만들이 빗발치고 있습니다. 통장의 잔고가 사라졌다던가, 셈을 할 수 없게 됐다는 동화 주인공들의 이야기가 괴소문처럼 돌고 있어요. 이런 문제들이 바로 수학에서 비롯된 거예요. 저는 이 문제들이 서로 관련이 있다고 생각합니다. 물론 아직 제 추측일 뿐입니다. 이제부터 저와 가우스 님이 확인해

봐야겠지요."

가우스는 고개를 끄덕이며 용왕에게 받은 '어디로든동화책'을 꺼냈어요. 매씨는 자신도 어디로든동화책을 처음 봤다며 신기한 눈으로 살펴봤지요. 지도에는 용궁과 여러 마을, 산과 강 등이 표시되어 있었고, 각 마을들 사이에 웬 숫자들이 쓰여 있었어요.

"여기 적혀 있는 숫자들은 뭘 뜻하는 걸까요?"

매씨의 질문에 가우스는 당연하다는 듯이 답했어요.

"지도니까 거리 아닐까? 동물농장 마을까지 팔만 천사백칠십이(81472), 한푼이아까워 마을까지 칠만 육천삼백사십구(76349), 굳세어라마을까지 오만 구천팔백이십일(59821), 모험 마을까지 육만 이천삼백칠십사(62374) 미터인 것 같아. 이 중 가장 가까운 마을부터 갈까?"

가우스의 질문에 매씨가 한참 지도를 들여다보다가 말했어요.

"가장 가까운 곳이요? 흠, 굳세어라 마을이 가장 가깝군요. 그럼 가우스 님은 굳세어라 마을부터 갔으면 하시는 건가요?"

"아니, 어디로 먼저 가야 할지 정한 데는 없어. 아님 혹시 생각해 둔 곳이라도 있어?"

매씨는 한참 지도를 들여다보다가 한 곳을 지목했어요.

"이곳입니다. 바로 이곳에서 통장 잔고가 사라졌다는 상소가 빗발치고 있지요. 또한 동화 주인공이 사라졌다는 보고도 들어왔습니다. 그래서 전 이곳부터 가봤으면 하는데 가우스 님의 생각은 어떠십니까?"

매씨가 가리킨 곳은 한푼이아까워 마을이었어요.

"좋아. 매씨의 말이 그렇다면 그곳부터 가 보자."

"오늘은 동화 나라에 오시느라 피곤하실 테니 내일 아침 일찍 떠나기로 하지요. 그럼 푹 쉬십시오."

가우스는 낯선 동화 나라에서 밤을 보내며 어쩐지 쓸쓸한 기분이 들었어요. 내일부터 떠날 모험이 기대되기도 하고 긴장되기도 해 밤새 뒤척였어요. 다음날, 매씨를 만나러 갈 때는 얼굴이 초췌하기가 이를 데 없었지요. 그래도 매씨 앞에서는 애써 담담한 척하며 품에 있던 어디로든동화책을 꺼냈어요. 그리고 지도 페이지를 펼치고는 긴장한 얼굴로 외쳤지요.

"한푼이아까워 마을로!"

그러자 지도에 인증키를 입력하라는 메시지가 떠올랐어요.

$76349 = \boxed{} + \boxed{} + \boxed{} + \boxed{} + \boxed{}$

"응? 이 숫자는……. 여기서 한푼이아까워 마을까지의 거리잖아? 그런데 빈 칸은 뭐지? 합이 76349가 되도록 아무 다섯 숫자나 입력하면 되나? 그럼 답이 너무 많은데?"

지도에 떠오른 메시지를 보고 당황한 가우스가 매씨를 쳐다봤어요. 매씨는 깊이 생각하는 듯 눈을 감고 있다가 번쩍 뜨고는 말했어요.

"인증키니까 답은 하나일 것 같아요. 아까운 지도 한 장을 버릴 수도 있으니 심사숙고해서 값을 누르죠. 다섯 개의 빈 칸의 길이가 점점 줄어드는 걸 보면 자릿수와 관계가 있을 것 같은데……."

매씨의 말에 가우스의 정신이 번쩍 들었어요.

"그래! 76349가 다섯 자리 숫자니까 각 자리 숫자가 나타내는 값의 합으로 나타내 볼까? 10000이 7, 1000이 6, 100이 3, 10이 4, 1이 9인 수니까… 인증값은 70000, 6000, 300, 40, 9. 입력해 볼까?"

가우스는 신중한 표정으로 다섯 개의 숫자를 지도에 입력했어요. 그러자 어디로든동화책에서 환한 빛이 뿜어져 나오더니 매씨와 가우스를 감싸기가 무섭게 그들의 몸이 사라졌어요.

수의 크기 비교하기

자릿수가 같으면 높은 자리부터 비교해 큰 쪽이 큰 수이고, 자릿수가 다르면 자릿수가 많은 쪽이 큰 수예요.

① 자릿수가 같은 경우

81472과 76349는 모두 다섯자리 수예요. 높은 자리인 8과 7 중, 8이 더 큰 수이므로 81472이 더 큰 수예요. ⇨ 81472 〉 76349

② 자릿수가 다른 경우

113998는 여섯 자리수, 81472는 다섯 자리수예요. 따라서 자릿수가 많은 113998이 더 큰 수지요. ⇨ 113998 〉 81472

81472과 76349, 113998 세 수의 크기를 비교하면 다음과 같아요.
⇨ 113998 〉 81472 〉 76349

큰 수 읽고 쓰기 : 만, 억, 조

- 1000이 10개 있으면 10000입니다. 이것을 10000 또는 1만이라 쓰고 만 또는 일만이라고 읽습니다.
- 10000이 10개 있으면 100000 또는 10만이라 쓰고 십만이라고 읽습니다.
- 10000이 100개 있으면 1000000 또는 100만이라 쓰고 백만이라고 읽습니다.
- 10000이 1000개 있으면 10000000 또는 1000만이라 쓰고 천만이라고 읽습니다.
- 1000만이 10개 있으면 0이 8개가 붙어 100000000 또는 1억이라 쓰고 억 또는 일억이라고 읽습니다.
- 1000억이 10개 있으면 0이 12개로 1000000000000 또는 1조라 쓰고 조 또는 일조라고 읽습니다.

숫자 읽기

큰 수를 읽을 때는 일의 자리부터 네 자리씩 끊어 준 다음, 만, 억, 조의 단위를 표시하고 앞에서부터 읽어요.

1	8	1	2	6	9	8	7	3	8	5	4	2	3
십	일	천	백	십	일	천	백	십	일	천	백	십	일
조		억				만							

⇨ 18126987385423은 십팔조 천이백육십구억 팔천칠백삼십팔만 오천사백이십삼이라고 읽습니다.

역사에서 수학 읽기

불교에서 유래된 큰 수

동양에서는 수를 말할 때 네 자리 수씩 끊어 이름을 붙였어요. 예를 들어 만은 1 뒤에 0이 4개, 억은 8개, 조는 12개예요. 만, 억, 조를 같은 수를 여러 번 곱한 형태인 거듭제곱의 꼴로 나타내면 다음과 같아요.

만 : $10000 = 10^4$

억 : $100000000 = 10^8$

조 : $1000000000000 = 10^{12}$

만, 억, 조보다 큰 수를 차례대로 쓰면 다음과 같아요. 경(10^{16}), 해(10^{20}), 자(10^{24}), 양(10^{28}), 구(10^{32}), 간(10^{36}), 정(10^{40}), 재(10^{44}), 극(10^{48}), 항하사(10^{52}), 아승기(10^{56}), 나유타(10^{60}), 불가사의(10^{64}), 무량대수(10^{68}), 겁(10^{72}), 업(10^{76})이 있지요.

동양권에서 쓰이는 큰 수의 이름은 불교의 영향을 받았어요. 항하사는 갠지스 강의 모래만큼 많은 수, 아승기는 불경 『화엄경』에 나온 말로 헤아릴 수 없이 많은 수나 시간, 불가사의는 말로 나타낼 수도 없고 마음으로 헤아릴 수도 없이 큰 수, 그리고 무량대수는 아미타불과 그 백성들의 한량없는 수명과 일을 뜻하는 수예요.

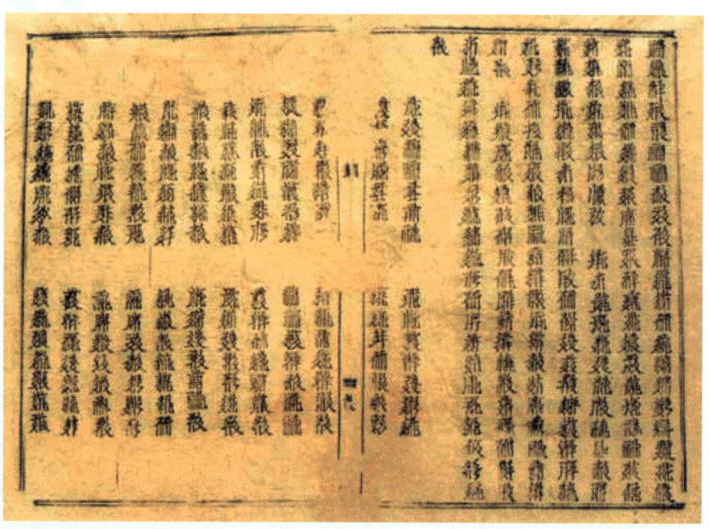

『화엄경』

구골에서 유래된 구글

구골은 1 뒤에 0이 100개 붙어 있는 수로, 거듭제곱의 꼴로 나타내면 10^{100}이에요. 구골이란 이름은 미국의 수학자 캐스너가 9살의 어린 조카에게 이 세상에서 가장 큰 수를 뭐라고 부르면 좋을지 묻자 '구골'이라고 대답한데서 유래됐어요.

그런데 이 구골에서 세계적인 인터넷 검색엔진 회사인 구글(google)의 이름이 유래됐대요. 구글은 원래 인터넷에 무수히 많은 웹페이지를 모두 검색하겠다는 뜻으로 회사 이름을 구골(googol)이라고 지었어요. 그런데 회사 이름을 등록하다가 실수로 스펠링을 구글(google)이라고 잘못 쓰면서 회사명이 그대로 구글이 되었어요.

그리고 10을 구골만큼 제곱하면 구골플렉스($10^{10^{100}}$)가 돼요. 또한 10을 구골플렉스만큼 제곱한 수는 구골플렉시안($10^{10^{10^{100}}}$)이라고 불러요.

수학적 의미가 있는 큰 수, 그레이엄 수

구골은 큰 수의 상징일 뿐 어떤 수학적인 의미가 있는 수는 아니에요. 수학적 의미를 갖는 수 중 가장 큰 수로는 그레이엄 수가 있어요. 이 수는 미국의 수학자 로널드 그레이엄이 제시한 문제에서 나온 수로, 가장 큰 수로서 기네스북에도 실려 있어요. $G^{64}(4)$라고 쓰는데, 이렇게 특수하게 쓰는 이유는 너무 거대해서 일상적인 자연수 표기법이나 거듭제곱의 꼴로는 나타낼 수조차 없기 때문이죠. 그레이엄 수는 3을 밑으로 하는 연산을 무수히 반복하는 과정을 되풀이 하는 수로, 구골플렉스나 구골플렉시안을 뛰어 넘는 훨씬 큰 수예요.

이야기 셋

스크루지 할아버지가 큰 수를 못 센대

📖 덧셈과 뺄셈
큰 수

"으악! 내 돈! 내 돈 어디 갔어? 누가 내 돈을 가져간 게냐!"

어디선가 웬 할아버지의 큰 비명 소리가 들려 왔어요. 가우스와 매씨는 이 소리에 놀라 눈을 떴지요.

"한푼이아까워 마을인가? 웬 소란이지?"

"소리가 들리는 쪽으로 가 볼까요?"

가우스와 매씨가 간 곳에는 매부리코에 우그러든 뺨, 빨갛게 충혈된 눈, 하얗게 샌 머리카락을 지닌 할아버지가 돈을 손에 움켜쥔 채 고통스러운 얼굴로 소리를 지르고 있었어요.

"하나, 둘, 셋, …. 뭐야? 또 안 맞잖아? 아무리 세도 돈이 맞질 않아. 어떻게 된 거지?"

매씨는 할아버지를 보고는 목을 움츠리더니 말했어요.

"윽, 저 할아버지는 인정머리 없기로 소문난 스크루지 영감이잖아?"

이때 스크루지는 자신을 바라보는 가우스와 매씨를 발견하고는 성난 표정을 지었어요.

"으응? 웬 놈들이냐!"

가우스는 버럭 화부터 내는 스크루지를 보고는 긴장해서 침을 꼴깍 삼키며 다가갔어요.

"할아버지가 소리 지르는 걸 듣고 왔어요. 무슨 일 있으세요?"

가우스는 최대한 친절한 표정을 지으며 다가갔어요. 하지만 스크루지는 돈을 홱 감싸 안으며 경계의 눈빛으로 가우스와 매씨를 쳐다봤지요. 그러고는 날선 목소리로 물었어요.

"혹시 나한테 돈 빌리려고 온 거면 썩 비켜."

"그런 게 아니라 소리를 지르시기에 돕고 싶어서요."

스크루지는 안경 너머로 가우스를 한참 바라보다가 경계의 표정을 풀고는 주변의 눈치를 살피며 조심스럽게 말했어요.

"흠, 처음 보는 녀석들이구나. 이 이야기가 소문이 나면 난 이 마을에서 쫓겨날지도 몰라. 내 이야기를 듣고 비밀을 지켜주겠니?"

지독한 구두쇠로 소문난 스크루지가 이렇게 약한 모습을 보이다니, 대체 무슨 일인 걸까요? 가우스는 고개를 끄덕이며 스크루지와 약속했어요.

"걱정 마세요. 비밀은 꼭 지켜 드릴게요. 그런데 이 이야기가 소문나면 마을에서 쫓겨날지도 모른다는 건 무슨 말이세요?"

"동화 나라의 주인공들은 각자 동화 속 역할에 맞는 마을에 살고 있단다. 사람들은 구두쇠를 가리켜 지독하다고 비난하지만 난 내가 누구보다 돈을 아끼고 잘 사는 데 자랑스러움을 느낀단다. 이 마을은 동화 속 최고의 구두쇠들이 사는 마을이지. 그런데 마을과 어울리는 능력이 없어지면 이 마을에서 살 수 없단다. 그런데 얼마 전부터 구두쇠로 소문난 동화 주인공들이 자신의 능력을 잃고 자꾸 마을을 떠나고 있단다. 며칠 전에는 놀부가 돈을 아끼지 않고 펑펑 쓴다는 소문이 돌더니 마을에서 나가라는 통첩을 받았지. 주민들이 자꾸 마을을 떠나니 요즘 마을 분위기가 아주 흉흉해."

"그래요? 그럼 할아버지에게도 같은 일이 일어난 건가요?"

"그래. 난 돈과 관련된 일이라면 누구보다 자신 있었단다. 그런데 며칠 전부터 갑자기 아무리 돈을 세도 번번이 맞지 않고 계산도 틀리는구나. 이런 일은 처음이라 정말 당황스러워. 이게 어떻게 된 영문인지 모르겠구나. 이 나이에 마을을 떠나면 어떻게 살겠니?"

스크루지가 무거운 표정으로 한숨을 쉬며 대답하는 모습에 가우스는 어떻게든 돕고 싶었어요.

"할아버지, 지금 앞에 놓인 이 돈을 세려고 하시는 거죠?"

스크루지가 앉아 있던 책상 위에는 지폐와 동전 여러 개가 널려 있었어요. 가우스와 매씨는 우선 돈을 종류 별로 정리하기로 했지요.

"매씨, 이 돈을 세어 보자."

"10000원이 14장, 1000원이 11장……."

가우스와 매씨가 돈을 세는 모습을 보고 스크루지도 거들었어

요. 그런데…….

"100원이 하나, 둘, 셋, … 열넷? 열다섯? 열여섯? 도무지 모르겠구나. 내가 왜 이렇게 된 거지?"

이상하게도 스크루지는 돈을 세기만 하면 마치 눈에 뭐가 쓰인 것처럼 자꾸 헷갈려 했어요. 매씨가 괴로워하는 스크루지를 도와 남은 동전을 셌지요.

"100원이 15개, 10원이 3개네요. 그러면…….'

10000원이 14장, 1000원 11장, 100원 15개, 10원 3개
⇨ 140000+11000+1500+30 = 152530

매씨가 헤아린 돈을 가우스가 모두 더하자 총액이 나왔어요.

"15만 2530원이네요."

매씨와 가우스는 자신들이 센 돈을 스크루지에게 건네 줬어요. 그러자 스크루지는 매우 고마워하며 이번엔 통장을 내밀었어요.

"정말 고맙구나. 이번엔 내 통장도 좀 봐 주렴. 왜 통장에 잔액이 적혀 있지 않은지 모르겠구나. 내가 직접 계산해 보려고 했는데 아무리 계산해도 답이 계속 달라지는구나. 이런 계산은 정말 누워서 떡 먹기였는데……."

거래일	내용	찾으신 금액	맡기신 금액	남은 금액
				435,210
	이자		767	
			123,500	

가우스와 매씨가 스크루지의 통장을 보자 정말 잔액란이 비어 있었어요. 통장을 본 매씨가 말했어요.

"일단 처음 잔액인 43만 5210원에서 이자 767원을 더하고, 여기에 다시 12만 3500원을 더하면 되겠네."

매씨의 말에 스크루지가 답했지요.

덧셈

덧셈이란 두 수를 더하는 활동을 말해요. 덧셈은 일의 자리부터 계산해야 편하며, 자릿수가 서로 다른 두 수의 덧셈은 세로셈으로 계산하면 편리해요.

❶ 받아올림이 없는 덧셈

받아올림이 없는 덧셈은 자릿수를 잘 맞추어 쓴 다음 일의 자리부터 같은 자리 숫자끼리 차례로 더해 주면 돼요.

```
  435210
+    767
  435977
```

❷ 받아올림이 있는 덧셈

받아올림이란 덧셈에서 같은 자리의 수를 더한 값이 10보다 크면 바로 윗자리로 10을 올려서 계산하는 방법이에요. 받아올림 과정에서 올린 수를 빼먹고 계산하는 등 실수가 많이 일어나므로 주의해야 해요.

```
   ¹
   435977
 +123500
  559477
```

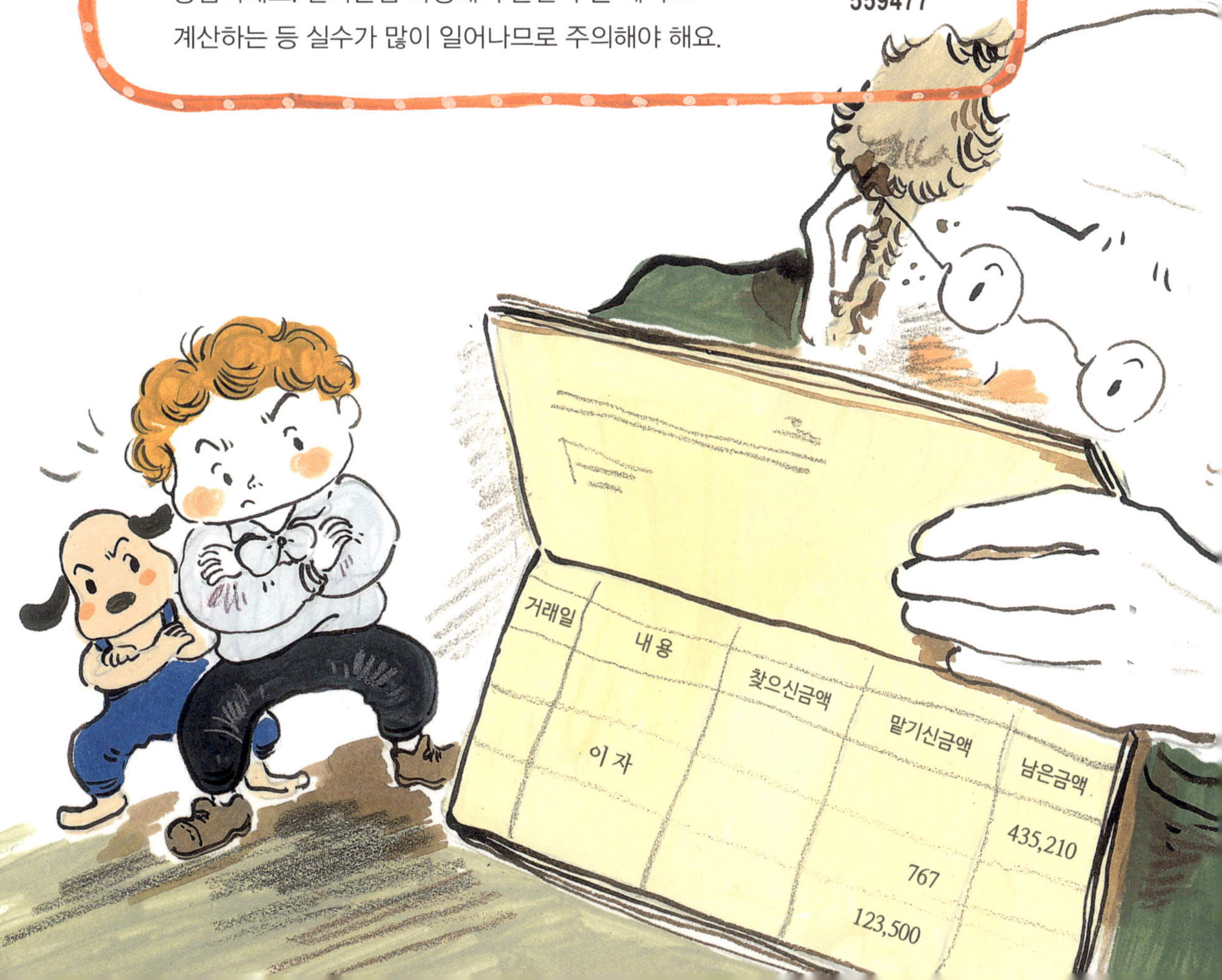

"그래. 나도 그렇게 계산하려고 했는데 어찌된 일인지 답이 계속 달라지는구나. 이런 계산은 정말 식은 죽 먹기였는데 어쩌다 이렇게 됐는지 정말……."

가우스는 침착하게 통장의 잔액을 계산했어요. 혹시 틀릴 지도 몰라 매씨와 검산도 철저히 했지요.

"55만 9477원이네요. 통장 뒷면을 보니 돈을 찾으셨네요? 55만 9477원에서 찾으신 금액을 빼면 되겠네요. 어디……."

거래일	내용	찾으신 금액	맡기신 금액	남은 금액
		21,300		
		9,780		

"할아버지의 통장에 남은 금액은 52만 8397원이에요."

가우스의 계산을 보더니 스크루지가 말했어요.

"그래. 네가 계산하는 걸 보니 계산법이 생각이 나는구나. 마치 눈꺼풀에 뭔가 쓰인 것처럼 가려져 있던

뺄셈

뺄셈이란 두 수를 빼는 활동을 말해요. 뺄셈 역시 일의 자리부터 계산해야 편하며, 세로셈으로 계산하면 편리해요.

❶ 받아내림이 없는 뺄셈

같은 자리의 수끼리 맞춰 써 준 뒤 빼지는 수가 빼는 수보다 크면, 일의 자리부터 같은 자리끼리 빼서 그 자리에 답을 써 주면 돼요.

```
   559477
-   21300
   538177
```

❷ 받아내림이 있는 뺄셈

받아내림이란 같은 자리의 수끼리 뺄 때 빼지는 수보다 빼는 수가 커서 뺄 수 없으면, 바로 윗자리에서 10을 가져와서 계산하는 방법이에요.
이때 바로 윗자리의 수는 1만큼 작아지게 돼요.

```
       10 10
   538477
-    9780
       97
```

십의 자리에서 빼는 수 8이 빼지는 수 7보다 크므로 백의 자리인 1에서 받아내림 해 10을 가져와요.
  17−8 = 9

```
   2 17 10 10
   538477
-    9780
   528397
```

백의 자리 1은 십의 자리에 주었으므로 원래의 수보다 1이 작아져 0이 돼요. 0은 7보다 작으므로 다시 천의 자리 8에서 받아내림해 100을 빌려와요. 1000−700=300
같은 방법으로 천의 자리와 만의 자리, 십만의 자리를 계산해 주면 답을 구할 수 있어요.

것이 싹 벗겨진 기분이구나. 정말 고맙구나. 고마워."

그런데 가우스는 뭔가 이상함을 느꼈어요. 원래 돈을 잘만 세던 스크루지 할아버지가 왜 갑자기 돈을 못 세게 된 걸까요?

"할아버지, 돈을 못 세게 된 건 언제부터였어요?"

가우스의 질문에 스크루지는 곰곰이 생각하더니 답했어요.

"아마도 지난 월요일부터였던 거 같구나."

"그날 무슨 특별한 일이 있었나요?"

세 수의 뺄셈

세 수의 덧셈은 순서를 달리 해도 합이 달라지지 않아요. 하지만 세 수의 뺄셈은 빼는 순서가 중요해죠.

100-30-50 = 20

세 수의 뺄셈은 반드시 앞에서부터 두 수씩 차례대로 빼야 해요.

이 계산에서 100에서 30을 빼고 50을 빼거나, 50을 빼고 30을 빼는 것은 가능하지만 30에서 50을 뺀 뒤 이 값을 100에서 빼려고 하면 안 돼요.

"글쎄다. 잘 떠오르지 않는구나. 그나저나 하마터면 나도 놀부와 함께 X라는 자를 따라 새로운 마을로 이사 갈 뻔 했구나. 이 나이에 새로운 곳에 정착하기란 쉬운 일이 아니지. 다행이야, 정말."

"네? X요? X라는 사람은 누구예요?"

"한 달 전쯤 너처럼 갑자기 나타난 외지인이란다. 그래, 마을 사람들에게 점점 이상한 변화가 나타나기 시작한 것도 그때쯤이었는데……. 약 한달 전쯤부터 많은 주인공들이 셈도 잘 못하고 가격 비교도 못하는 등 더 이상 한푼이아까워 마을에 살 수 없게 변해갔지. 그때 그는 마을에서 쫓겨난 주인공들을 위로하며 앞으로 살만한 마을을 소개시켜 줬어."

스크루지의 말을 듣고 가우스가 물었어요.

"할아버지도 X를 만난 적이 있나요? X는 어떻게 생겼나요?"

"나도 며칠 전 X를 만났단다. 늘 두건으로 얼굴을 가리고 있어 어떻게 생겼는지는 잘 모르겠어. 특이한 건 목소리였단다. 으르렁거리듯 이상한 목소리였지. 그리고 보니……"

스크루지가 머뭇거리자 가우스가 무슨 일인지 다그쳤어요.

"내 착각일지도 모르지만, 내가 계산을 못하게 된 것도 그를 만난 다음부터였던 것 같구나."

"아무래도 X란 자가 수상한데요? X에 대해 좀 더 알아봐야겠어요."

그때 스크루지가 한 가지 도움이 될 만한 기억을 떠올렸어요.

"그러고 보니 며칠 전 놀부가 건넛마을에 사는 동생네 마을에도 X가 나타났다고 하더구나."

"마을 이름이 뭔가요?"

"굳세어라 마을이다."

"할아버지, 고마워요! 매씨, 어서 가 보자!"

내용정리

받아올림이 있는 덧셈

덧셈을 할 때는 받아올림에 주의해요.
같은 자리의 수끼리 더한 값이 10이거나 10보다 클 때는 받아올림을 해야 해요. 그런데 계산을 할 때 받아올림을 하지 않거나 받아올림을 해놓고도 윗자리를 계산할 때 빼먹고 계산하는 일이 많아요.

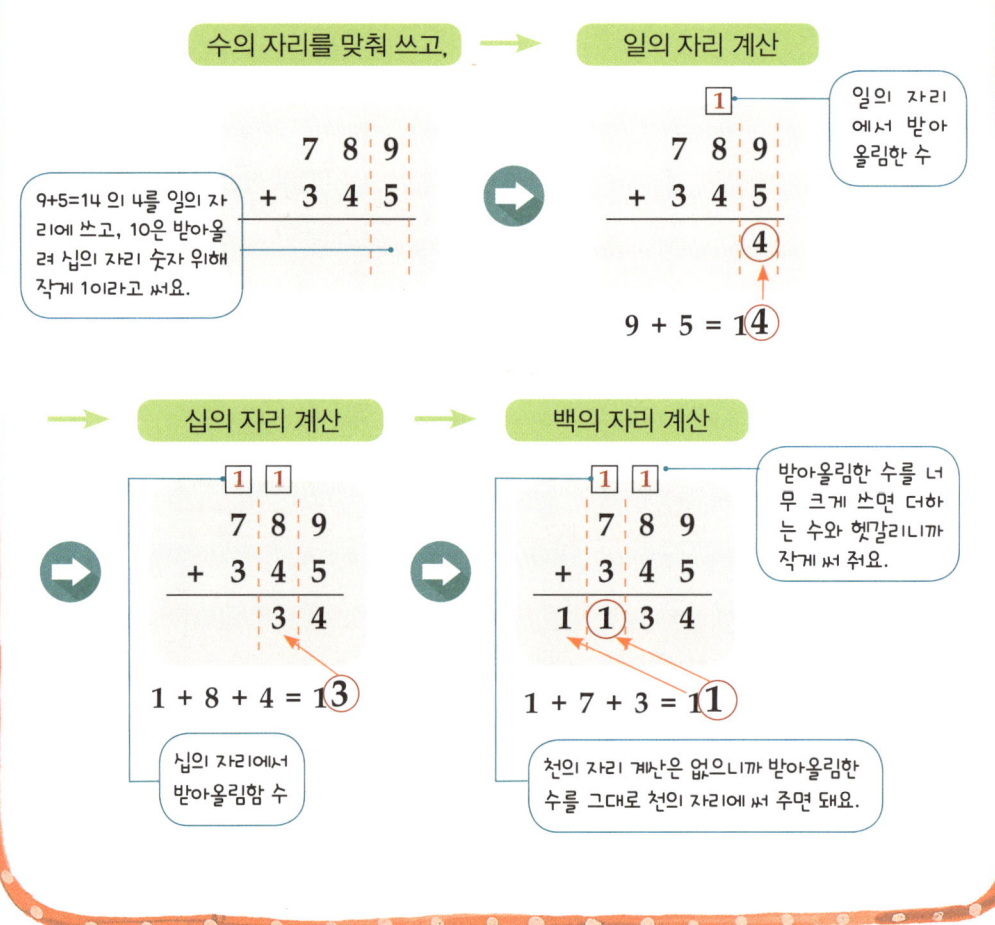

받아내림이 있는 뺄셈

뺄셈을 할 때 같은 자리의 수끼리 뺄 수 없으면 어떻게 할까요? 항상 빼지는 수가 빼는 수보다 큰 것은 아니니까요. 같은 자리의 수끼리 뺄 수 없을 때에는 바로 윗자리에서 10을 가져와서 빼 줘야 해요. 이것을 받아내림이라고 해요. 받아내림할 때는 바로 윗자리에서 10을 받아서 계산하고, 이때 바로 윗자리의 수는 1만큼 작아지게 되죠.

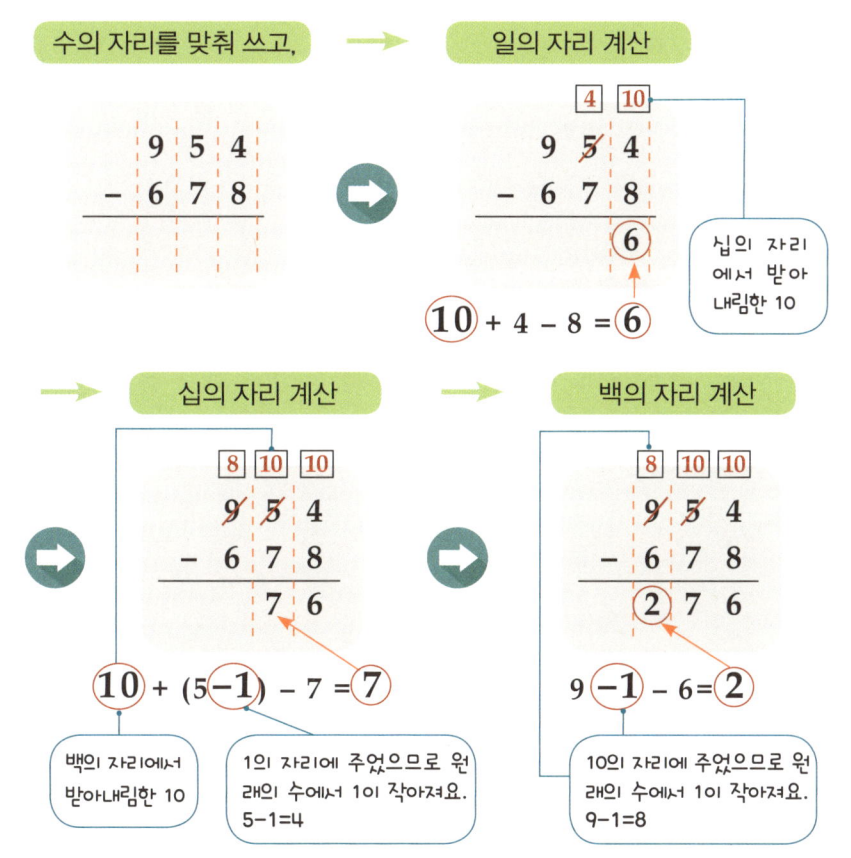

역사에서 수학 읽기

재미있는 손가락셈

인류 최초의 계산 도구, 손가락

숫자를 몰랐던 시절, 인류는 어떻게 수를 헤아릴 수 있었을까요? 고대 인류는 물체를 셀 때 물체 하나에 돌멩이 한 개를 대응시키는 일대일 대응 방법을 썼어요.

하지만 손가락을 이용하면 일대일 대응 방식보다 편리하게 수를 확인할 수 있었어요. 한 손을 이용한 데서 5진법이, 양손을 이용한 데서 10진법이, 손가락과 발가락을 모두 이용한데서 20진법이 비롯됐다고 전해지고 있어요.

또한 인간은 뼈마디와 관절을 자유롭게 움직일 수 있어서 손가락 마디를 이용해 한 손으로 1부터 12까지 헤아릴 수 있었어요. 엄지로 나머지 네 손가락의 세 마디에 1, 2, 3을 대응해 하나씩 짚으면서 수를 셌지요. 여기서 12진법이 유래됐다는 설도 있어요.

숫자를 몸으로 세는 읍노 부족

오스트레일리아의 위쪽에는 세계에서 두 번째로 큰 뉴기니 섬이 있어요. 그런데 이 섬에 사는 원주민들은 숫자를 세는 방법이 좀 특별하다고 해요. 바로 손가락이나 발가락뿐만 아니라, 온몸 구석구석의 신체 부위를 골고루 활용하는 거예요. 이렇게 콧구멍, 눈, 젖꼭지, 배꼽 등 신체 부위를 숫자에 일대일 대응시키는 방법을 '인체계수법'이라고 해요.

뉴기니 섬에는 각기 조금씩 다른 인체계수법을 가진 부족들이 살고 있어요. 이 중 가장 이상야릇한 인체계수법을 가진 부족은 읍노 부족으로 손가락에서 시작해 콧구멍, 눈, 젖꼭지 등을 사용해 1부터 34까지의 수를 표현해요. 왼쪽 고환은 31, 오른쪽 고환은 32, 음경은 33, 그리고 마지막 수인 34는 '죽은 사람 하나'를 가리킨답니다.

인류 최초의 계산 도구, 손가락

중국에서는 한 손으로 1부터 10까지의 숫자를 표현해요. 이렇게 한 손으로 숫자를 세는 방법은 과거 중국의 보부상들이 거래를 할 때 많이 사용했는데, 지금도 중국의 수산시장이나 경매시장에서 쓰이고 있어요. 숫자 5까지는 보통 알려진 것처럼 평범하게 세지만, 6부터는 나라마다 세는 방법이 크게 달라져요.

또한 중국인들은 한 손으로는 10만, 두 손으로는 100억 가까이까지 셀 수 있어요. 일단, 손가락이 바뀔 때마다 단위가 10배씩 커지고 오른손 새끼손가락은 1의 자릿수, 약지는 10의 자릿수, 중지는 100의 자릿수, 검지는 1000의 자릿수, 엄지는 10000의 자릿수를 가리켜요. 그리고 각 손가락마다 아홉 개의 지점을 정해, 한 손가락 내에서 연속된 단위가 이어져요. 예를 들어 오른손 새끼손가락은 1~9, 오른손 약지는 10, 20, …, 90, 중지는 100, 200, …, 900, 이런 식으로 커지는 거예요.

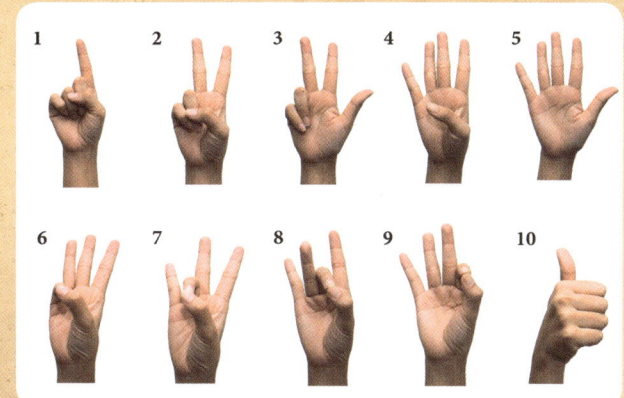

더 큰 수는 왼손으로 이어지고 왼손의 엄지는 10만 자릿수를, 검지는 100만 자릿수를 가리키며 수가 점점 커지는 거예요.

이야기 넷

신데렐라는 곱셈을 잊어버렸어

📖 곱셈

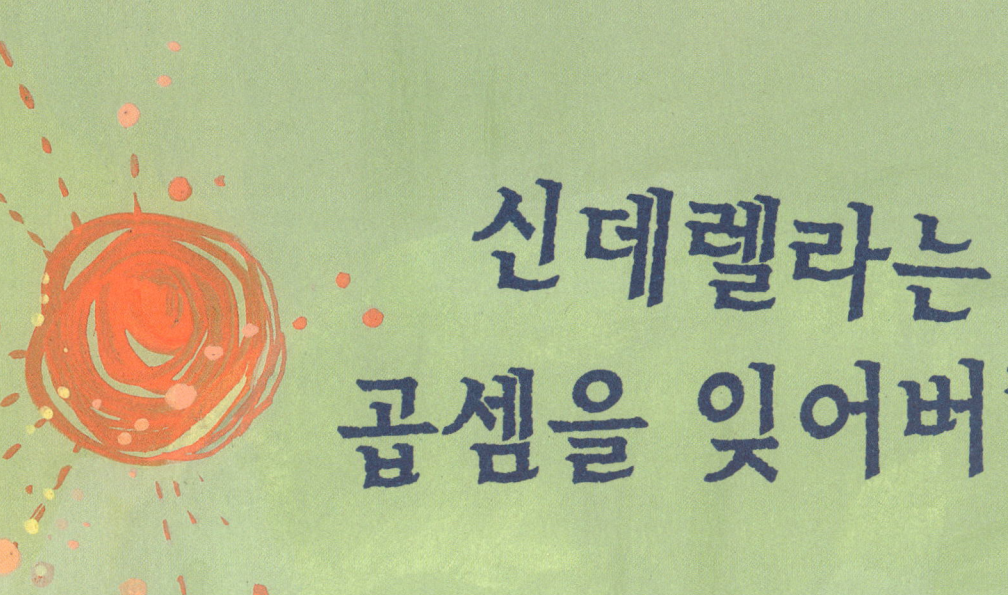

가우스와 매씨는 어디로든동화책을 이용해 굳세어라 마을로 이동했어요.

"매씨, 서둘러! 마을로 빨리 가면 X를 만날 수 있을지도 몰라!"

"가우스 님, 그런데 X가 수상하긴 하지만 아직 뭘 했다는 증거는 없어요. 침착하게 그를 찾아야 할 것 같아요."

매씨의 지적에 가우스는 뭔가 확신에 찬 듯한 표정이었어요.

"그냥 느낌이긴 한데, X한테 분명 뭔가 있는 것 같아. 그를 만나면 동화 나라 문제의 실마리를 찾을 수 있을 것 같아. 그런데 매씨, 이 마을의 이름은 왜 굳세어라 마을이야?"

"이 마을은 온갖 고난과 구박을 이겨내면서 성실하게 살아가는 동화 주인공들이 모여 사는 곳이에요. 콩쥐, 신데렐라, 소공녀, 장화홍련, 성냥팔이소녀, 흥부, 미운오리새끼 등이 이 마을에 살고 있지요."

"하하, 그렇구나. 어? 그런데 이게 무슨 소리지?"

가우스와 매씨가 마을 입구에 들어서는데 소란스런 소리가 들렸어요. 어떤 여자가 앙칼진 목소리로 매섭게 말하는 소리와 훌쩍이며 말하는 소녀의 목소리가 들렸지요. 가우스와 매씨는 소리가 들리는 쪽으로 갔어요.

"오늘 밭에 있는 콩을 모두 추수하고 부엌을 정리해 놓아! 알았지?"

"하지만 어머니, 오늘 오후에는 대회가 열린단 말이에요. 어제는 분명 제게 대회에 가도 좋다고 말씀하셨잖아요. 훌쩍."

"얘! 내가 뭐라 그랬다고 울고 그러니? 콩을 추수하고 부엌을 정리하고 가면 되지 않니? 누가 대회에 가지 말래?"

매씨와 가우스가 도착한 곳에는 화려하게 치장한 아주머니와 두 아가씨, 그리고 허름한 옷차림의 소녀가 있었어요. 아주머니는 팔짱을 낀 채 날카로운 얼굴로 얘기하고 있었고 허름한 옷차림의 소녀는 울고 있었지요. 이 광경을 보고 가우스는 매씨에게 조용히 말했어요.

"어? 쟤는……. 설마 신데렐라?"

매씨는 얼른 가우스를 보고 조용히 하라는 신호를 보냈어요. 이제 보니 화려하게 치장한 아주머니는 새어머니, 그리고 두 아가씨는 두 명의 새 언니들인가 봐요. 두 언니들은 신데렐라를 보고 킬킬 거리며 웃으며 말했지요.

"그럼 신데렐라, 우린 먼저 간다. 수고해. 킥킥."

"신데렐라, 나 같으면 거기서 울고 있을 시간에 얼른 일 마치고 대회장에 가겠다. 킥킥. 얼른 일 하라고, 일!"

새어머니와 새 언니들은 끝까지 얄미운 말만 골라하더니 신데렐라만 혼자 두고 떠났어요. 신데렐라는 그들이 사라진 뒤에도 한참을 바닥에 주저앉아 훌쩍거렸어요. 가우스와 매씨는 홀로 울고 있는 신데렐라에게 갔어요.

"안녕, 신데렐라. 그만 진정해."

신데렐라는 자신을 달래는 가우스를 봤어요.

"흑흑, 안녕. 훌쩍. 날 아니? 넌 누구니?"

"아, 이 동네에서 너 유명하더라고. 난 가우스라고 해.

그만 울어. 우리가 좀 도와줄까?"

가우스의 친절에 신데렐라가 조금 진정이 됐는지 침착하게 말했어요.

"오늘 마을 광장에서 나누기왕 선발대회가 열리거든. 거기에 꼭 가보고 싶었는데 새어머니와 언니들이 시킨 일이 너무 많아서 대회에 못 갈 것 같아. 너무 속상해. 으앙!"

신데렐라는 말을 하며 다시 서러움이 복받쳤는지 또다시 울음이 터졌어요.

"신데렐라, 울지 마. 그런데 그 대회가 그렇게 대단한 대회야?"

가우스의 질문에 신데렐라는 눈을 동그랗게 뜨고는 대답했어요.

"그럼! 1등이 되면 동화 나라를 다스리시는 용왕님을 직접 만나 어마어마한 상품을 받을 수 있거든. 그런데 어머니가 시킨 일이 많기도 하지만 평소대로라면 어떻게든 대회 시간까지 마칠 수 있을 텐데, 오늘은 이상하게 잘 풀리지가 않네. 나 스스로 너무 바보 같단 생각에 더 속상해. 흑흑."

가우스는 신데렐라가 구슬프게 울고 있으니 마음이 안 좋았어요. 그녀를 돕고 싶었지요. 게다가 평소와 달리 일이 잘 풀리지 않는다는 말에 뭔가 수상함을 느꼈어요.

"매씨, 좀 수상하지 않아? 평소와 달리 일이 잘 안 풀리다니……. 스크루지 할아버지 때와 같아."

이 말을 듣고 매씨가 신데렐라에게 물었어요.

"신데렐라, 평소와 다른 점이 뭔

데? 한번 자세히 얘기해 봐."

신데렐라는 살짝 볼을 붉히며 말했어요.

"내 자랑 같아 부끄럽지만, 내가 원래 계산 실력이 좀 좋아. 새어머니와 언니들이 내게 많은 일들을 시키지만 언니들 몰래 계산하면서 일을 하면 생각보다 빨리 일을 마치고 나머지 시간에 쉴 수 있었지. 그런데 오늘은 아무리 머리를 굴려도 숫자가 머릿속에서 뱅글뱅글 돌기만 할 뿐 계산 방법이 떠오르지 않는 거야. 내가 바보가 된 걸까?"

분명 스크루지 할아버지와 같은 문제였어요. 가우스는 빨리 X에 대해 묻고 싶은 마음이 굴뚝같았어요. 하지만 신데렐라가 가고 싶어 하는 대회까지 시간이 얼마 남지 않아 신데렐라를 먼저 돕기로 했지요.

"어떤 문제인데? 우리가 도와줄게."

신데렐라는 매씨와 가우스가 도와준다는 말에 매우 기뻐하며 새어머니가 시킨 일들에 대해 설명했어요.

"셋이 함께 일을 하면 대회에 참가할 수 있을지도 몰라! 우선, 같이 콩밭에 가

자. 먼저 할 일은 콩밭의 콩을 수확해서 정리하는 거야."

가우스와 매씨, 신데렐라는 함께 콩밭에 갔어요. 콩밭은 생각보다 커서 가우스는 한숨부터 나왔지요.

"휴, 이걸 너 혼자 하라고 했단 말이야? 정말 고생이 많다."

신데렐라는 별 것 아니라는 듯 어깨를 으쓱였어요.

"매일 하는 일이니 괜찮아. 게다가 계산을 하면 쉽게 할 수 있었거든. 그런데 오늘따라 안 풀리니 답답할 노릇이지."

"뭘 계산해야 하는데?"

가우스의 질문에 신데렐라가 차근차근 설명했어요.

"새어머니는 내게 콩밭에 있는 콩을 모두 수확한 뒤 개수를 세어 놓으라고 하셨어. 아마 새어머니와 언니들은 내가 콩을 한 알 한 알 세고 있을 줄 알걸? 하지만 그걸 언제 다 세겠어? 계산하면 금방 나오는걸. 그래서 얼른 계산하고 남는 시간에는 언니들 몰래 쉬다 집에 들어갔지."

가우스는 신데렐라가 다시 보였어요. 그저 굳세기만 한 동화 주인공이 아니라 똑똑하기까지 한 주인공이었네요.

"그래서 계산은 어떻게 했는데?"

"콩밭에는 112개씩 76줄의 콩이 심어져 있어. 그럼 콩이 전부……. 몇 개지? 112개를 76번 더해야 하나? 그걸 언제 다 더해! 분명 더 쉬운 방법이 있었는데……. 생각이 나질 않아. 흑. 이런 계산도 못하다니 내가 정말 바보가 됐나 봐!"

신데렐라는 다시 울먹이기 시작했어요. 가우스는 얼른 신데렐라를 달래며 말했어요.

"신데렐라, 네가 바보가 된 게 아니라 누군가 너에게 못된 장난을 친 것 같아. 그자는 너뿐만 아니라 동화 나라를 돌아다니며 여러 동화 주인공들에게 못된 장난을 치고 있어. 우린 그 자를 찾고 있지. 일단, 우리가 널 도와줄 테니 네 문제를 해결한 뒤 너도 우리를 도와줘."

신데렐라는 가우스의 말에 분개하며 말했어요.

"뭐? 내가 계산을 못하게 된 게 누군가의 짓이라고? 누구야! 대체?"

"시간이 없어. 너는 대회에 참가하고 싶다고 했지? 그럼 새어머니가 시킨 일부터 해야지. 일단 셋이 같이 콩밭에 있는 콩을 어서 따자."

가우스와 매씨, 신데렐라는 신속하게 콩을 따기 시작했어요. 허리 한번 펴지 않고 세 사람이 콩을 딴 결과 한 시간 만에 모든 콩을 딸 수 있었지요.

"이제 우리가 딴 콩이 몇 개인지 계산해 보자. 신데렐라, 네가 잊어버린 계산은 곱셈이야. 밭에 총 76줄의 콩이 심어져 있고 한 줄에는 112개의 콩이 달려 있으니 112×76를 계산하면 되지."

가우스의 말에 신데렐라가 손뼉을 치며 기뻐했어요.

"맞아. 생각났어. 곱셈! 그런데 어떻게 계산하더라?"

곱셈

곱셈이란 같은 수를 여러 번 더한 것과 같은 결과를 얻을 수 있는 계산법으로, ×를 사용해 나타내요. 곱셈 역시 일의 자리부터 차례대로 계산하고, 올림할 수가 있다면 바로 윗자리를 계산한 뒤 더해 주면 돼요.

```
    112              112              112
  ×  ¹6           ×  ¹7            ×   76
  ─────           ─────           ──────
    672              784              672  ⋯ 112×6
                                      784  ⋯ 112×7
                                   ──────
                                     8512
```

"그래! 콩은 총 8512개구나!"

가우스가 차근차근 곱셈을 이용해 콩의 개수를 계산하는 걸 보던 신데렐라는 잊고 있던 곱셈법이 생각났나 봐요. 크게 기뻐하며 가우스에게 감사 인사를 했지요.

"이번에 할 일은 부엌을 정리하는 거야. 이번엔 나도 할 수 있을 거 같은데? 어디……."

신데렐라는 자신의 집으로 가우스와 매씨를 데리고 갔어요. 그리고 여러 상자와 접시, 공기, 찻잔이 어지럽게 널려 있는 부엌을 보여 주며 한숨을 쉬었어요.

"후유, 정리하는 데 오래 걸리라고 일부러 부엌을 더 어질러 놓았나 봐. 이걸 다 언제 정리하지?"

가우스와 매씨는 낙심한 신데렐라를 도와 열심히 부엌을 정리했어요. 접시와 공기, 찻잔을 깨끗하게 닦은 뒤 접시는 접시대로, 공기는 공기대로, 찻잔은 찻잔대로 정리했지요. 이제 개수를 파악해 상자에 차곡차곡 넣은 뒤 찬장에 정리하기만 하면 새어머니의 미션은 끝!

"이것만 다하면 대회에 나갈 수 있겠어! 이제 남은 시간은……. 어! 20분밖에 안 남았네?"

"괜찮아. 이번에도 곱셈을 이용해 금세 수량을 파악할 수 있어. 얼른 끝내고 대회장으로 가자. 접시를 넣은 상자가 총 8개, 공기를 넣은 상자가 12개, 찻잔을 넣은 상자가 6개지? 매씨! 아까 접시는 한 상자에 몇 개씩 담았어?"

"그러니까……. 아! 55개씩 담았어. 신데렐라, 공기는 한 상자에 몇 개 담았어?"

"공기는 한 상자에 32개씩."

"찻잔은 한 상자에 29개 담았으니까……. 접시는 55개 곱하기 8상자, 공기는 32개 곱하기 12상자, 마지막으로 찻잔은 29개 곱하기 6상자. 맞지? 이걸 계산하면……."

가우스가 계산을 하려던 순간, 재빠르게 신데렐라가 말했어요.

"접시 440개, 공기 384개, 찻잔 174개. 맞지?"

신데렐라의 빠른 계산에 매씨와 가우스는 깜짝 놀랐어요.

"이제 계산 능력이 돌아온 거야? 진짜 빠른데? 대단하다!"

둘의 칭찬에 신데렐라의 기분이 좋아졌어요. 게다가 매씨와 가우스 덕분에 대회에도 늦지 않고 참가할 수 있게 돼 매우 기뻤지요. 세 사람은 대회에 참가하기 위해 서둘렀어요. 그리고 가우스와 매씨는 대회장으로 가는 길에 신데렐라에게 X의 인상착의를 설명하며 물었어요.

"신데렐라, 혹시 오늘 X란 사람 만난 적 있어?"

"X? 이름은 처음 들었지만 오늘 아침에 지금 말한 것 같은 남자를 만났어. 두건으로 얼굴을 가렸고 목소리도 정말 이상했어."

"그 사람이랑 무슨 이야기를 했어?"

"그냥 대회가 어디서 열리는지 물어보기에 광장에서 열린다고 알려줬지. 그게 다였어. 여기가 광장이야!"

광장에는 수많은 동화 주인공들이 모여 굉장히 복잡했어요. 신

데렐라는 반가운 얼굴을 찾은 듯 화색을 띠고는 큰 소리로 아는 사람을 불렀어요.

"저 앞에 콩쥐가 있네? 콩쥐야! 어? 그런데 그 옆에? 저기 저 사람이 너희들이 찾는 X야!"

"뭐? X라고? 어디?"

가우스는 신데렐라가 가리킨 쪽을 얼른 봤어요. 하지만 X는 자신을 찾는 목소리를 들었는지 서둘러 인파 사이로 사라졌어요. 결국 가우스와 매씨는 눈앞에서 X를 놓치고 말았지요. 둘은 매우 안

타까웠지만 방법이 없었어요. 대신 얼른 콩쥐의 이야기를 들어보기 위해 달려갔지요.

"콩쥐야, 저 사람이랑 무슨 이야기를 한 거야?"

"그냥 별 얘기 없었는데? 대회 참가는 어떻게 하냐고 물어봐서 알려줬지."

가우스와 매씨는 신데렐라와 콩쥐에게 인사를 하고 헤어졌어요.

"매씨, X가 대회에 나가려고 하나 봐. 왜 그런 걸까?"

"가우스 님, 일단 우리도 이 대회에 나가야 할 것 같아요. X가 대회에 참가한다면 분명 무슨 꿍꿍이가 있을 텐데 그걸 막으려면 대회에 나가 봐야 할 것 같아요."

매씨의 말에 가우스가 고개를 끄덕였어요.

"그래, 매씨! 우리도 당장 대회에 참가 신청하러 가자!"

세 자리 수와 한 자리 수의 곱셈

세 자리 수와 한 자리 수의 곱셈은 일의 자리에서 올림한 수를 십의 자리에서 구한 곱과 더해 줘요. 그런데 십의 자리의 수도 곱했더니 또 올려야 한다고요? 문제없어요. 같은 방법으로 백의 자리로 올려주면 되니까요.

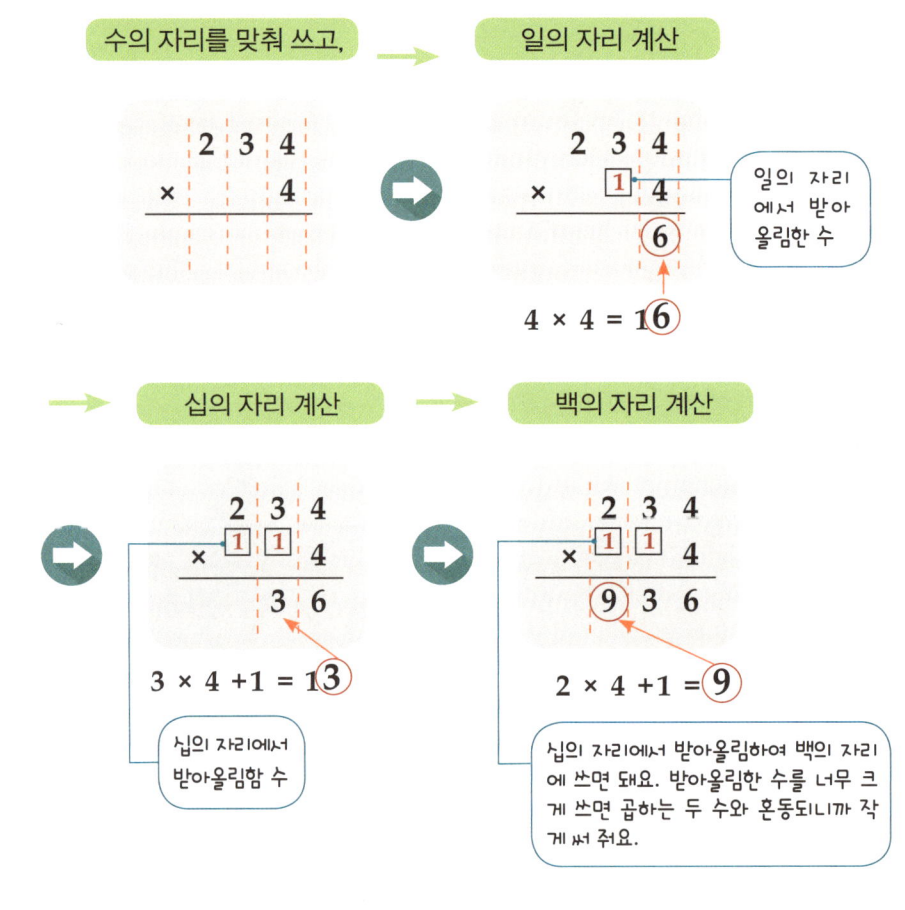

두 자리 수와 두 자리 수의 곱셈

두 자리 수와 두 자리 수의 곱셈은 곱하는 수의 일의 자리와 십의 자리를 각각 곱해서 더해 줘야 하니 조금 더 주의해야 해요. 게다가 십의 자리 숫자를 계산한 값은 꼭 십의 자리부터 값을 써 줘야 해요. 그런 후 자릿수에 맞춰 두 값을 더해 주는 거죠!

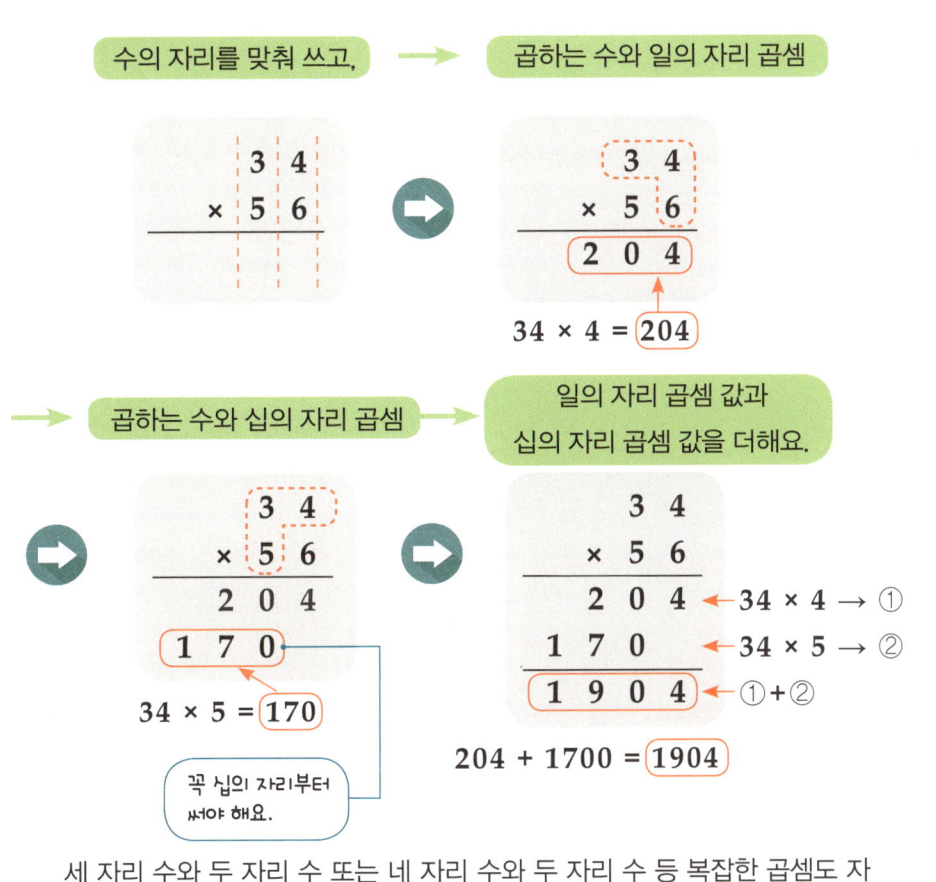

세 자리 수와 두 자리 수 또는 네 자리 수와 두 자리 수 등 복잡한 곱셈도 자릿수만 늘어날 뿐 계산 원리는 항상 같아요.

역사에서 수학 읽기

이색 곱셈법

구구단을 외우지 않고도 곱셈을 할 수 있을까요? 조금 번거롭기는 해도 구구단을 전혀 외우지 않고도 곱셈을 할 수 있는 놀라운 방법이 있어요.

고대 이집트 곱셈법

고대 이집트 사람들은 2를 곱하고 더하는 것만으로 두 수의 곱셈을 구할 수 있었어요. 그들은 곱셈식의 왼쪽에 있는 수를 2의 거듭제곱의 합으로 분해하고, 오른쪽에 있는 수는 차례로 2배씩 해서 곱셈의 계산에 이용했어요. 고대 이집트 사람들은 2의 거듭제곱수들을 계산해 놓은 커다란 표를 가지고 있어서 매번 2의 거듭제곱수들을 계산하지 않고도 쉽게 2의 거듭제곱수를 찾아 두 수의 곱셈을 계산할 수 있었어요. 고대 이집트 사람들의 방법을 이용해 25×17을 계산해 볼까요?

❶ 곱셈식에서 왼쪽에 있는 수 25를 1과 2의 거듭제곱의 합으로 나타낼 수 있도록 분해해요. 예를 들어, 25는 1+8+16으로 나타낼 수 있어요.
❷ 곱셈식에서 오른쪽에 있는 수 17을 2배씩 해서 차례로 아래에 써요.
❸ 25를 분해한 수 1, 8, 16에 해당하는 17의 배수 값(17, 136, 272)을 더하면 25×17의 답을 구할 수 있어요. 즉, 25×17=17+136+272=425가 돼요.

러시아 농부 곱셈법

러시아 농부들의 곱셈법도 고대 이집트의 곱셈법과 비슷해요. 러시아 농부 곱셈법은 2로 나누고 곱한 뒤 더하기만 하면 두 수의 곱셈을 구할 수 있어요. 왼쪽에 있는 수는 나머지와 상관없이 연속해서 2로 나누고, 오른쪽에 있는 수는 2배씩 해서 두 수의 곱셈을 구하는 거예요.

❶ 곱셈식에서 왼쪽에 있는 수 25를 나머지와 상관없이 연속해서 2로 나누어 몫이 1이 될 때까지 나눈 몫을 써 내려가요.

❷ 곱셈식에서 오른쪽에 있는 수 17을 2배씩 해서 차례로 아래로 써 내려가요.

❸ 왼쪽에 있는 수가 홀수(25, 3, 1)일 때, 같은 줄에 있는 오른쪽 수(17, 136, 272)들을 더한 값이 곱셈 값이 돼요. 즉, 25×17=17+136+272=425가 되는 거예요.

선긋기 곱셈법

선만 그으면 곱셈이 되는 신기한 곱셈법도 있어요. 선긋기 곱셈법은 곱셈할 두 수를 자릿수 별로 나누어 선을 교차하게 그은 뒤, 묶어서 세는 방법으로 계산해요.

❶ 25×17을 하려면 십의 자리 수인 2를 나타내기 위해 선 2개를 인접해서 그어요. 그런 다음, 2개의 선과 약간 떨어진 곳에 선 5개를 다시 인접해서 그어요.

❷ ❶에서와 같은 방법으로 17을 선으로 나타내요. 이때 ❶에서 그린 선과 직각으로 교차하도록 선을 그어요.

❸ 그리고 교차점을 자릿수에 맞춰 세어요. 100의 자리는 2개, 10의 자리는 14+5=19개, 그리고 1의 자리는 35개로, 모두 더하면
(100×2)+(10×19)+(1×35)=
200+190+35=425가 되는 거예요.

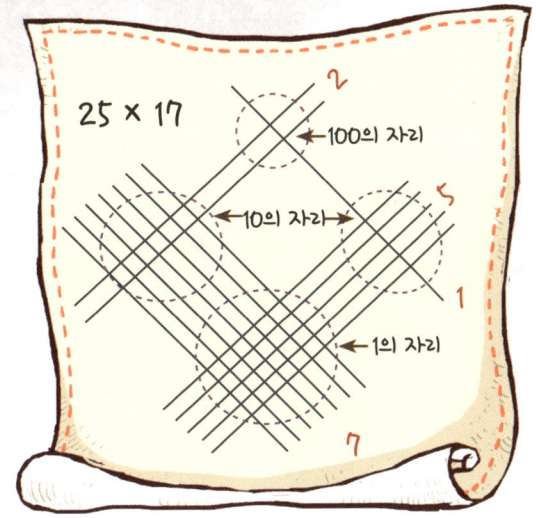

가우스와 매씨는 대회 참가 신청을 하러 본부로 향했어요. 그런데 대회에 참가하러 온 동화 주인공들이 너무 많아 한발 내딛기도 쉽지가 않았지요.

"어휴, 뭔 사람이 이렇게나 많아? 왜 다들 대회에 참가하려고 난리야?"

"이 대회는 열리기 전부터 동화 주인공들에게 큰 화제였어요. 1등이 되면 동화 나라의 특별 대신이 될 수 있고 용왕님께서 동화 나라의 보물 중 하나인 마법 주판을 선물로 주시거든요."

"마법 주판? 그게 뭔데?"

"마법 주판은 어떤 셈도 순식간에 할 수 있다고 전해지는 동화 나라의 보물 중의 보물이에요."

"정말? 그렇다면 혹시 X가 마법 주판을 노리는 거 아니야?"

가우스의 시석에 매씨의 눈이 휘둥그레졌어요.

"그럴지도 모르겠네요! 마법 주판은 안전하게 보관돼 있는 건가?"

가우스와 매씨는 동시에 서로 얼굴을 바라보고는 부리나케 대회 본부를 향해 뛰었어요. 본부에 도착하자마자 매씨는 용왕님께 받은 어패를 들이밀며 대회 준비 요원에게 물었지요.

"마법 주판, 마법 주판은 안전한가?"

대회 준비 요원은 허둥대는 매씨를 이상하다는 듯이 떨떠름한 표정으로 바라보며 말했어요.

"당연하죠. 방금도 제가 확인하고 오는 길인걸요?"

"정말 다행이구만. 마법 주판을 훔치러 오는 자가 있을지도 모르니 각별히 신경 써 주게."

매씨는 이야기를 하는 중에도 혹시 X가 보이진 않는지 대회장을 두리번거렸어요. 하지만 어디에서도 X의 흔적은 찾을 수 없었지요. 이제 가우스와 매씨는 각자 역할을 나눠 X의 움직임을 막기로 했어요.

"X가 대회에 참가해 마법 주판을 노릴지도 모르니 가우스 님은 대회에 참가해 X가 대회에서 우승하는 걸 막아주세요. 그동안 전 대회장 구석구석을 수색하며 혹시 수상한 움직임은 없는지 감시할게요."

대회가 시작될 때까지 X는 특별한 움직임을 보이지 않았어요. 그리고 드디어 진행자의 인사와 함께 대회가 시작됐지요.

"제1회 나누기왕 선발대회에 오신 것을 환영합니다!"

대회에 참가한 가우스는 긴장된 표정으로 무대를 둘러 봤어요. 무대에는 여러 참가자들이 긴장된 표정으로 서 있었어요. 그런데 낯익은 얼굴이 눈에 띄었어요.

"저, 저기 X가 있잖아?"

X는 아까 본 그대로 두건으로 얼굴을 가리고 있었어요. 가우스가 자신을 쳐다보는 걸 알아차리고도 모른 척하며 여유 있는 자세로 서 있었지요. 가우스는 X가 무슨 일을 꾸미는 것은 아닐까 감

시하기 위해 계속해서 노려봤어요.

"제1회 나누기왕 선발대회, 이 대회는 참가자 분들의 나눗셈 실력을 겨루는 대회입니다. 대회는 최후의 1인을 가리는 서바이벌 형식으로 진행됩니다. 그럼 대회를 시작합니다!"

대회가 진행되며 X는 뜻밖의 실력을 드러냈어요. 가우스 역시 평소 실력을 발휘해 차근차근 문제를 풀어나갔지요. 이제 남은 사람은 단 2명! 바로 X와 가우스였어요.

"이제 두 명의 도전자만이 남았군요. 이 두 명의 도전자는 총 세 문제를 풀게 됩니다. 이 중 두 문제를 먼저 맞히는 사람이 최후의 1인의 자리에 오르게 되지요. 과연 마법 주판은 누가 차지하게 될까요? 그럼 첫 번째 문제입니다! 콩쥐가 나무에서 162개의 밤을 땄습니다. 한 자루에 27개씩 담으려면 필요한 자루는 몇 개일까요? 여기, 무대 앞에 콩쥐가 딴

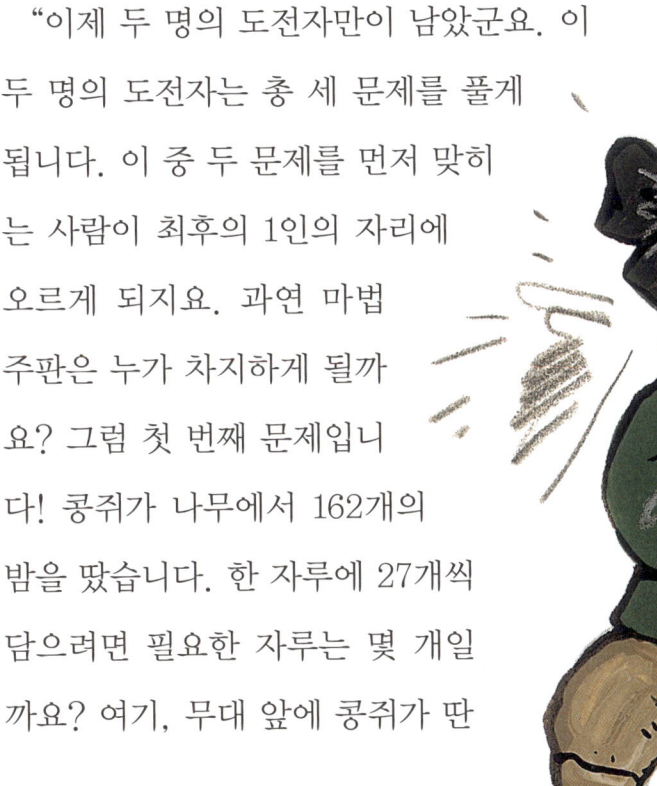

밤과 자루가 놓여 있습니다. 각자 알아서 정답을 구한 뒤 부저를 눌러 주세요."

가우스와 X는 문제가 나오기 무섭게 밤과 자루를 향해 달려갔어요. 가우스보다 조금 일찍 밤과 자루를 차지한 X가 먼저 한 자루에 밤 27개씩 담기 시작했어요.

"162개의 밤을 한 자루에 27개씩 얼른 담으면 총 몇 개의 자루가 필요한지 알 수 있을 거야."

한편, 가우스는 밤을 한 개씩 한 줄로 늘어뜨리기 시작했어요. 한 줄에 27개의 밤을 늘어뜨린 뒤, 아래쪽에 다시 27개의 밤을 한 줄로 늘어뜨렸지요.

"이렇게 밤을 27개씩 줄 세우면 몇 줄이 나오는지 구할 수 있지. 바로 그 줄 수가 필요한 자루 수라고!"

그때였어요.

"삐!"

부저 소리가 크게 울렸어요. X가 뿌듯한 얼굴로 부저를 누르며 손을 번쩍 들고 '정답!'이라고 크게 외쳤지요. 가우스는 긴장한 표정으로 X를 봤어요.

"6자루입니다."

X의 계산법

162−27−27−27−27−27−27=0

밤을 27개씩 총 6개의 자루에 담으면 162개의 밤을 모두 담을 수 있어요.

가우스의 계산법

밤 162개를 27개씩 줄을 세우면 6줄이 나와요. 이 6줄이 바로 필요한 자루의 수지요.

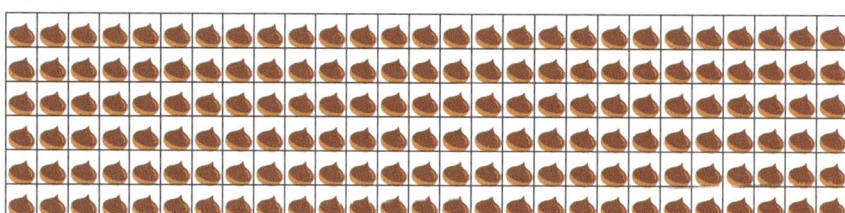

"정답입니다! X 씨가 먼저 첫 번째 문제를 맞히는군요."

진행자의 말에 X와 관람객들이 크게 환호했고 가우스는 매우 실망한 표정을 지었어요. 하지만 실망할 새도 없이 바로 다음 문제로 넘어갔어요.

"다음 문제입니다.『15소년 표류기』의 소년들이 섬에서 199개의 과일을 땄습니다. 공평하게 나누어 먹으려면 몇 개씩 먹어야 할까요? 그리고 남은 과일은 몇 개일까요?"

이번에 가우스는 직접 과일을 나누는 대신 세로셈을 이용해 계산하기로 했어요.

"199개의 과일을 15명이 공평하게 나누어 먹으려면?"

"삐!"

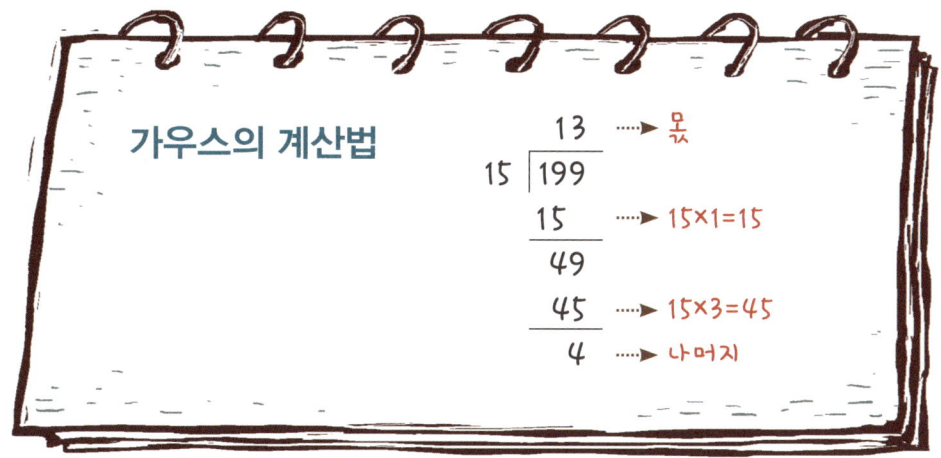

가우스와 X가 거의 동시에 부저를 눌렀어요.

"가우스 씨가 조금 빨랐습니다. 가우스 씨, 정답은요?"

"13개씩 나누어 먹으면 됩니다. 그리고 과일 4개가 남습니다!"

> ### 몫과 나머지
>
> 몫이란 나누어 얻은 나눗셈의 결과예요.
>
> 162÷27 = 6
>
> 162를 27로 나누면 몫은 6이고 나머지는 없어요. 나머지가 0이면 '나누어 떨어진다'고 해요.
>
> 199÷15 = 13…4
>
> 199를 15로 나누면 몫은 13이고 4가 남아요. 이때 4를 199÷15의 '나머지'라고 해요.

"정답입니다!"

가우스가 아슬아슬하게 두 번째 문제를 맞힌 덕분에 최후의 1인을 가리는 승부는 원점으로 돌아갔어요. 이제 마지막 문제의 결과에 따라 마법 주판의 주인이 가려지게 됐지요.

"그럼 마지막 문제입니다! 황금알을 낳는 암탉이 총 317개의 알을 낳았습니다. 주인은 이 달걀을 한 상자에 15개씩 담으려고 합니다. 몇 상자에 담을 수 있고 남는 달걀은 몇 개일까요?"

문제가 나오자마자 X와 가우스가 계산에 돌입했어요. 두 사람 모두 문제에 집중해 빠른 속도로 계산했지요. 하지만 먼저 손을 든 건 X쪽이었어요. 이를 본 가우스의 얼굴이 하얗게 질리고, 관람석에서 지켜보던 매씨 역시 굉장히 곤란한 표정이었어요.

"마법 주판이 X의 손에 들어가면 안 되는데……."

이윽고 X가 입을 열었어요.

"정답은 20상자입니다. 그리고 2개의 달걀이 남습니다."

그러자 가우스가 다급하게 다시 부저를 눌렀어요.

"정답은 21상자, 남는 달걀은 2개입니다."

두 사람이 각자 서로 다른 답을 외치자 진행자가 빙긋 웃으며 말했어요.

"X 씨가 20상자, 가우스 씨가 21상자라고 각각 답을 말했습니다. 두 분 중 정답자가 있습니다. 이 문제로 최후의 1인이 가려지게 될 텐데요, 과연 정답은요?"

긴장된 순간, 가우스와 매씨, X는 물론이고 관람객들도 모두 침을 꼴깍 삼키며 숨을 죽였어요.

"정답은 21상자! 축하합니다! 가우스 씨가 최후의 1인에 올라서게 됐습니다."

가우스가 마지막 문제를 맞히며 무대에 축포가 터지고 스포트라이트가 가우스를 향해 비쳤어요. 진행자가 가우스를 향해 다가가 인터뷰 했지요.

"가우스 씨, 아까 X 씨가 먼저 정답을 말했을 때 심정이 어땠나요? 그리고 우승 비결은 뭐라고 생각하시나요?"

"X가 먼저 손을 들었을 때 가슴이 철렁했습니다. 하지만 20상자라는 말을 듣고 얼른 부저를 눌렀습니다. 정답이 21상자라는 데 확신이 있었거든요."

"어떻게 그렇게 정답을 확신할 수 있었나요?"

진행자의 질문에 가우스가 씩 웃었어요.

"바로 검산 덕분이에요. 제가 X보다 조금 계산이 느렸던 건 마지막 문제에서 절대 실수를 하지 않기 위해 검산을 했기 때문이에요."

> **나눗셈의 검산**
>
> 계산 결과가 옳은지 그른지를 검사하기 위한 계산.
> 검산 : 나누는 수 × 몫 + 나머지 = 나눠지는 수
>
> $317 ÷ 15 = 21…2$
> ⇨ $15 × 21 + 2 = 317$

"그 짧은 시간에 검산까지 완벽히 해 정답을 맞히다니 정말 대단하군요! 그 대범함과 순발력, 정말 우승자답습니다! 가우스 씨, 정말 축하드립니다. 그럼 안타깝게 우승을 놓쳤지만 2등을 차지하신 X 씨의 이야기도 들어볼까요? X 씨?"

진행자가 가우스의 스포트라이트에 가려져 있던 X를 찾았어요. 하지만 무대에 있던 X는 온데간데없이 사라지고 없었어요.

"어? X 씨? X 씨가 어디로 사라졌지요?"

당황한 진행자가 허둥대던 그때, X의 목소리가 무대 뒤에서 크게 울려 퍼졌어요.

"가우스! 대회에서 우승을 차지해 나를 막으려고 했겠다? 하지만 네가 우승을 했어도 마법 주판은 내 것이다!"

그리고 갑자기 대회장 내 모든 조명이 꺼지며 어두워졌어요. 대회장은 허둥대며 밖으로 빠져나가려는 관람객들로 인해 금세 혼란에 휩싸였지요.

"꺅, 뭐가 어떻게 된 거야?"

"밖으로 나가자!"

"모두 진정하세요!"

잠시 후, 장내에 불이 켜졌어요. 무대 위에는 가우스와 매씨, 그리고 결박당한 X가 보였지요. 놀란 동화 주인공들이 웅성거리며 무대를 봤어요. 매씨는 한 나라의 대신답게 점잖은 목소리로 모두 들을 수 있도록 크게 외쳤어요.

"이 자는 마법 주판을 훔치려고 한 악당이다. 마법 주판을 나쁜 음모에 이용하려고 했지. X! 어디 그 정체를 드러내 보시지!"

매씨의 말이 끝나자 가우스는 그동안 X의 얼굴을 가리고 있던 두건을 벗겼어요. 그러자 늑대의 모습이 드러났지요.

"아기돼지 삼형제의 늑대잖아?"

대회장에 남아 있던 관람객들과 참가자들 모두 X의 정체를 두고 웅성거렸어요.

"대체 네가 왜 마법 주판을 노린 거냐? 이걸로 뭘 하려고? 동화 나라를 어쩔 셈이야?"

두건을 벗고 정체를 드러낸 X, 늑대는 매씨의 매서운 추궁에도 코웃음만 쳤어요.

"흥! 너희들이 지금 X님을 잡았다고 착각하고 있는데, 난 그냥 한 마리 늑대에 불과하다. 그저 마법 주판을 X님께 바쳐 보탬이 되고 싶었는데……. 그것이 정말 분하구나!"

늑대의 말에 가우스와 매씨는 혼란에 빠졌어요.

"뭐? 네가 X가 아니란 말이야? 그런데 왜 자신이 X라는 거짓말을 한 거야? 그럼 X는 누구야?"

늑대는 가우스의 질문에 더 이상 아무 대답도 하지 않은 채 경비원들에게 잡혀 나갔어요. 단지 이상한 소리를 중얼거렸을 뿐이죠.

"수를 지배하는 자, 세상을 지배한다. X님은 반드시 뜻을 이루실 거다. 이게 끝이 아니란 걸 기억해라!"

늑대가 잡혀가고 가우스가 매씨에게 물었어요.
"어떻게 된 거야? 어떻게 늑대를 그렇게 쉽게 잡을 수 있었던 거야?"
"가우스 님이 우승을 차지하고 다들 무대에 정신이 팔려 있는 틈을 타 늑대가 마법 주판을 훔치러 올 걸 예상하고 있었어요. 그래서 마법 주판 주변에 몰래 경비

원들을 배치시켜 철통 보안을 유지하고 있었지요. 제 예상대로 늑대는 마법 주판을 훔치러 왔고 만반의 준비를 해 놓은 덕분에 손쉽게 늑대를 잡을 수 있었어요."

가우스와 매씨는 이로써 사건을 일단락하고 왕궁으로 돌아왔어요. 늑대가 잡혀 간 후, 더 이상 동화 마을 주인공들이 수를 헤아리지 못하거나 계산하지 못하는 일은 벌어지지 않았어요. 늑대를 따라 사라졌던 마을 주민들도 하나 둘 제자리를 찾아 돌아왔지요. 하지만 그들은 자신들이 어디를 갔다 왔는지 전혀 기억하지 못했어요. 가우스와 매씨가 용왕님을 뵈러 갔을 때, 용왕님은 병세가 한결 나아진 모습이었지요.

"가우스 군, 매씨, 정말 고생이 많았네."

"용왕님, 이번 사건은 해결됐지만 아직 X의 정체는 파악하지 못했사옵니다. 그가 또 무슨 일을 꾸미진 않을까 걱정되옵나이다."

매씨가 걱정스러운 얼굴로 용왕님께 말했어요.

"X란 자가 다시 나타나기 전까지는 별다른 방도가 없지 않은가. 그동안 수고 많았으니 일단 푹 쉬게. 그리고 가우스 군, 자네 덕분에 내 병도 낫고 동화 나라 문제도 해결됐네. 정말 고맙네. 소원을 말해 보게."

가우스는 곰곰이 생각하다가 용왕님께 말했어요.

"용왕님, 동화 나라에 오기 전에는 제가 꼭 빌고 싶은 소원이 있었어요. 가우스란 이름 때문에 불편한 게 한두 가지가 아니라 사람들의 기억 속에서 제 이름을 싹 바꾸고 싶었거든요. 하지만 이제 생각해 보니 가우스란 이름에 걸맞은 수학 실력을 더 키워야겠단 생각이 드네요. 동화 나라에 또 놀러 와도 되나요?"

가우스는 그토록 좋아하던 동화 나라에 놀러오고도 정신없이 사건을 해결하느라 동화 나라를 제대로 구경하지도 못한 것이 아쉬운 모양이었어요. 가우스의 말을 들은 용왕은 허허 웃으며 대답했지요.

"가우스 군. 자네는 나누기왕 선발대회에서 우승을 차지해 동화 나라의 특별 대신이 됐네. 당연히 언제든 동화 나라에 돌아와 업무를 처리해 주게. 대회에서 상품으로 받은 마법 주판은 동화 나라와 인간 세상을 연결하는 물건이 될 걸세. 주판을 튕기면 언제든지 동화 나라로 올 수 있으니 또 보도록 하지. 자, 이제 집으로 돌아갈 시간이네."

용왕은 가우스에게 마법 주판을

선물로 주며 작별 인사를 했어요. 아쉽지만 이제 인간 세상으로 돌아갈 시간이었어요. 가우스는 모험을 함께 하며 정든 매씨에게 인사를 했지요.

"매씨, 그동안 고마웠어. 언제 또 보지?"

"가우스 님, 조만간 또 볼 것 같은 예감이 드는데요? 하하. 그땐 제가 가우스 님을 찾으러 갈게요. 그럼 그때까지 건강하세요."

"응. 매씨, 그리고 동화 나라! 모두 안녕!"

포함제 나눗셈

나눗셈에는 2가지 의미가 있어요. 어떤 수 안에 다른 수가 몇 번이나 포함되어 있나를 구하는 포함제 나눗셈과 어떤 수를 똑같이 몇으로 나눌 수 있나를 구하는 등분제 나눗셈이 있지요.

나누기왕 선발대회에서 162개의 밤을 27개씩 담을 때 몇 개의 자루가 필요한지 묻는 문제가 바로 **포함제** 문제라고 할 수 있어요. 나눗셈의 의미 중 같은 양이 몇 번 들어 있는지 알아보는 나눗셈인 거죠. 즉 27개씩 밤을 담은 자루의 수를 물어 보는 문제이므로 162÷27=6(자루)가 되는 거예요.

162÷2=6(자루)

등분제 나눗셈

신데렐라가 그릇을 정리할 때 접시 440개를 8개의 상자에 나누어 담으려면 한 상자에는 접시 몇 개씩을 넣어야 할까?

이것은 똑같이 나누어 한 부분의 크기를 알아보는 나눗셈인 등분제 나눗셈을 의미해요. 440개의 접시를 8개의 상자에 나누어 담으면 한 상자에 들어가는 접시의 수는 440÷8=55(개)예요.

나타내는 모습은 서로 같지만, 포함제와 등분제를 잘 구분할 수 있어야만 실생활에서 활용할 때 무엇을 무엇으로 나누는지 헷갈리지 않는답니다.

440÷8=55(개)

생활 속에서 수학 읽기

공평하게 나누기

공평하게 나누기, 나눗셈만 잘 하면 될까?

'초콜릿 8개를 4사람에게 공평하게 나누어라'는 문제가 있다고 생각해 봐요. 단순한 나눗셈 문제라면 한 사람이 초콜릿 2개씩 먹으면 돼요. 하지만 초콜릿의 크기나 가격이 각기 다른 초콜릿이 섞여 있다면 2개씩 나눠 먹는 것을 공평하다고 볼 수 있을까요? 누군가는 큰 초콜릿을 2개 갖고, 다른 누군가는 작은 초콜릿을 2개 갖는다면? 그리고 누군가는 값비싼 초콜릿을 2개 갖고, 다른 누군가는 값싼 초콜릿을 2개 갖는다면? 이럴 경우 단순히 초콜릿을 2개씩 나누는 것은 공평하다고 볼 수 없어요.

공평한 분배란?

이처럼 실생활 속에서는 공평하게 나누기가 수학 교과서에서 나오는 공평한 분배 문제처럼 단순하지 않아요. 상황에 따라 매우 다양하고 복잡하게 나타날 수도 있어요. 따라서 이런 공평한 분배를 해결하기 위해 경제학자와 수학자, 철학자 등이 함께 고민하고 있답니다.

공평한 분배 문제가 수학적으로 연구되기 시작한 건 제2차 세계대전이 한창이던 1940년대부터예요. 제2차 세계대전이 일어나며 여러 나라들 사이에 식량을 비롯한 물자를 나누는 문제에서부터, 약소국들의 국토를 나누는 문제, 강대국들의 무기를 공평하게 줄이는 문제 등 여러 가지 '공평한 분배'에 대한 문제가 새롭게 나타났어요.

당시 폴란드의 수학자 휴고 슈타인하우스는 공평한 분배에 대해 다음과 같이 수학적으로 정의했어요.

"각자 자신이 생각하는 기준에 따라 판단한 가치의 1/n 이상에 해당하는 몫을 차지하면, 공평한 분배가 이루어진 것이다."

즉, 분배에 참여하는 모든 사람이 자신이 전체의 1/n 이상의 몫을 받았다고 느끼면 공평한 분배가 이뤄졌다는 말이예요. 공평한 분배가 수학적으로 정의된 후, 많은 수학자들이 다양한 방법으로 공평한 분배 방법을 개발하기 시작했어요.

공평하게 케이크 나누기

이제 실제로 공평한 분배 방법에 의해 나눠 보아요. 예를 들어 배고픈 두 사람이 맛있는 케이크를 공평하게 나눠 먹기로 했어요. 케이크에는 초코맛과 딸기맛, 생크림이 모두 들어 있어 단순히 1/2하는 것으로는 공평하게 나눴다고 할 수 없어요. 또한 한 사람은 생크림 맛을 좋아하고, 다른 한사람은 세 가지 맛을 모두 좋아한다면 어떻게 해야 공평하게 나눠 먹을 수 있을까요?

방법은 한 사람이 자르고, 나머지 사람이 선택하는 거예요. 그렇다면 자른 사람은 어떤 조각을 갖더라도 공평하도록 케이크를 신중하게 자를 것이고, 선택하는 사람은 두 조각 중 자신이 더 좋아하는 부분을 선택할 것이므로 공평하다고 생각할 거예요. 이와 같은 방법을 '분할 선택법'이라고 해요. 두 명이 케이크를 공평하게 나누는 문제는 '분할 선택법'에 의해 해결할 수 있어요.

"가우스 님, 조만간 또 볼 것 같은 예감이 드는데요? 하하. 그땐 제가 가우스 님을 찾으러 갈게요. 그럼 그때까지 건강하세요."

"응. 매씨, 그리고 동화 나라! 모두 안녕!"

포함제 나눗셈

나눗셈에는 2가지 의미가 있어요. 어떤 수 안에 다른 수가 몇 번이나 포함되어 있나를 구하는 포함제 나눗셈과 어떤 수를 똑같이 몇으로 나눌 수 있나를 구하는 등분제 나눗셈이 있지요.

나누기왕 선발대회에서 162개의 밤을 27개씩 담을 때 몇 개의 자루가 필요한지 묻는 문제가 바로 **포함제** 문제라고 할 수 있어요. 나눗셈의 의미 중 같은 양이 몇 번 들어 있는지 알아보는 나눗셈인 거죠. 즉 27개씩 밤을 담은 자루의 수를 물어 보는 문제이므로 162÷27=6(자루)가 되는 거예요.

162÷2=6(자루)